우리 아이 교육에서 부모는 관람자나 방관자가 아닌
동반자가 되어야 합니다.

말로 표현할 수 있는 온전한 지식이
또 다른 온전한 지식과 만날 때 새로운 지식이 창조됩니다.

책은 글과 그림으로 새로운 모험을 떠나는 기회입니다.
책 속에는 새롭게 정복해야 할 어휘와 문장들이 기다리고 있습니다.

언어는 인격을 드러냅니다.
더 나아가 언어는 인격을 만들어 내기도 합니다.

초등
공부는
문해력이
전부다

초등공부는
문해력이 전부다

펴낸날 2021년 6월 30일 1판 1쇄

지은이_김기용
펴낸이_김영선
책임교정_양다은
교정·교열_남은영, 이교숙
경영지원_최은정
디자인_바이텍스트
마케팅_신용천

펴낸곳 (주)다빈치하우스-미디어숲
주소 경기도 고양시 일산서구 고양대로632번길 60, 207호
전화 (02) 323-7234
팩스 (02) 323-0253
홈페이지 www.mfbook.co.kr
이메일 dhhard@naver.com (원고투고)
출판등록번호 제 2-2767호

값 15,800원
ISBN 979-11-5874-121-1

초등 공부는 문해력이 전부다

내 아이를 바꾸는
★문해력 완성★
3단계 프로젝트

김기용 지음

학습능력의 근본적인 차이를 만드는 단 하나의 키워드

평생 성적, 문해력이 좌우한다!

초등 시기는
문해력을 키우는 시간

시대가 정말 빠르게 변하고 있습니다. 어렸을 적 우리를 깜짝 놀라게 했던 삐삐, 시티폰은 이제 추억의 물건이 되었습니다. 까만 바탕화면에서 사용하던 도스는 윈도우의 등장에 빠르게 밀려났습니다. 컴퓨터는 스마트폰, 노트북, 패드에 자리를 뺏겨 일상생활에서 쓰임새가 줄어들고 있습니다.

요즘 아이들을 '디지털 네이티브'라고 합니다. 태어나면서부터 디지털 기기에 둘러싸여 성장한 세대라는 말이지요. 아직 나이가 어려 컴퓨터 사용은 낯설고 어렵지만, 스마트폰은 너무나 익숙합니다.

컴퓨터를 배우기 위해 학원에 다니던 시절이 있었습니다. 스마트폰은 혼자 해 보며 사용법을 익힐 수 있습니다. 사용법이 간단해 학원에 다닐 필요도 없습니다. 따로 배울 필요 없이 무엇이든 스마트폰 하나로 이용할 수 있는 편리한 시대에 우리는 살고 있습니다.

이처럼 편리한 시대에 사는 아이들에게 공부만큼 불편한 건 없습니다. 누워서 TV를 켜고, 스마트폰 잠금도 얼굴로 푸는 시대에 공부는 참으로 낯설게 느껴집니다. 공부는 머리를 싸매고 자리에 앉아 하나씩 외우고 반복해야 합니다. 시간이 지나면 까먹기도 하죠. TV나 유튜브처럼 편하게 이해시켜 주고 재미가 있으면 좋겠지만, 공부는 정반대입니다. 모르는 내용은 검색 한 번이면 다 알 수 있는 세상인데, 그 과정을 직접 이해하자니 너무 어렵습니다.

아이 스스로 공부하기는 점점 더 어렵고 그래서 지쳐갑니다. 주변에 편리하고 재미있는 건 늘어나고, 공부는 상대적으로 힘들고 재미도 없습니다. 부모도 함께 지쳐만 갑니다. 어떻게 하면 좋을까요?

저는 블로그, 유튜브, 팟캐스트를 운영하며 댓글이나 질문으로 많은 학부모와 소통하고 있습니다. 질문의 양상은 조금씩 다르지만, 크게 3가지에서 벗어나지 않습니다.

'열심히 공부하는데 왜 성적은 안 오를까요?'
'남들 하는 대로 하는데 우리 아이는 왜 이럴까요?'

9

'우리 아이는 게임을 너무 좋아해요.'

조금 더 구체적으로 표현하면 열심히 공부해도 안 오르는 성적, 옆집 아이처럼 하는데 안 오르는 성적, 게임만 좋아하는 아이 등으로 표현할 수 있습니다. 노력하는데도 성적이 안 오르면 공부가 적성에 안 맞는 아이일까요? 그렇다면 공부가 적성에 맞는 아이는 태어날 때부터 정해져 있는 걸까요?

저는 모든 아이가 공부를 잘할 수 있다고 믿습니다. 정도의 차이가 있을 뿐, 올바른 방법으로 공부에 접근한다면 누구나 공부를 잘할 수 있습니다.

앞의 3가지 질문을 관통하는 핵심은 '문해력'입니다. 문해력은 글을 읽고 이해하는 능력입니다. 최소한의 문해력은 아이가 공부를 이어가는 데 필수요소입니다. 그러니 문해력이 부족하면 생각하고, 표현하고, 응용하는 능력이 자연스레 떨어집니다.

문해력은 공부뿐만 아니라 아이가 살아가는 데도 필수적입니다. 살아가며 맞닥뜨리는 문제 상황에 대처하기, 계획 세우기, 해결책 제시하기, 논문 쓰기, 업무 계획서 작성하기 등 문해력이 필요한 곳은 무궁무진합니다.

초등학생 시기에 문해력 기르기를 놓친다면 너무 먼 길을 돌아갈 수 있습니다. 학년이 올라갈수록 배우는 내용은 더 어려워지고, 학습량은 늘어납니다. 초등학교 시기에 기초를 갈고닦아야 중·고등학교 때 무너지지 않습니다. 초등학교 6년이란 골든타임이 주어졌을 때 세운 탄탄한 기초는 우리 아이가 하는 모든 공부의 기본이자 삶의 토대가 될 것입니다. 그 과정에 저의 책이 조금이나마 도움이 되길 바랍니다.

마지막으로 집필을 끝까지 마무리할 수 있도록 항상 옆에서 힘을 북돋워 주는 아내와 그림책을 좋아하는 예쁜 딸에게 감사한 마음과 사랑한다는 말을 전합니다.

저자 김기용

차례

글을 읽고 내용을 요약하거나 다른 사람에게 말로 표현할 수 없다면
올바르게 이해했다고 볼 수 없습니다.
올바른 이해는 입력에서 끝나는 것이 아니라 출력까지 이어져야 합니다.

1장

평생 성적을

좌우하는

초등 문해력

자라나는 아이에게
지금 필요한 것

초등학교 교사는 매년 20~30명의 학생과 동고동락하며 지냅니다. 저 역시 첫 발령부터 지금까지 만난 아이들이 어느덧 400명을 넘어갑니다. 그중에는 교실에서 열심히 공부했던 모범생 아이들도 있지만 인상 깊은 행동을 해 기억에 남는 아이들도 있습니다. 주의가 산만한 아이들에게는, 81쪽을 펴야 된다고 5번 넘게 말하는 일도 많죠. 이처럼 다양한 아이들이지만 일반화시킬 수 있는 내용이 있습니다.

수업시간에 선생님이 설명할 때 한 번에 이해하는 아이들과 반복적으로 설명해도 이해를 어려워하는 아이들이 있습니다. 주의가 산만한 아이들에게는, 81쪽을 펴야 된다고 5번 넘게 말하는 일도 많죠. 앞에서 공책정리법을 보여주고 그대로 쓰는 활동을 어려워하기도 합니다. 수업시간에 말로 설명하면 문제를 해결하지 못하고, 교과서와 똑같은 PPT에 정답을 써주는 경우도 많습니다. 알림장은 열심히 받아적었지만 무슨 내용인지 잘 모르는 경우도 있습니다.

학교에서 상시평가를 보면 막힘없이 술술 풀어나가는 아이와 모든 문제마다 질문하는 아이들이 있습니다. 아이들 시험지를 채점하다 보면 문제와 전혀 상관없는 답이 종종 보입니다. 평가 결과지를 나누어주고 함께 풀면 "아, 나 이거 아는 건데.", "실수해서 틀렸어."라는 말을 합니다. 아이러니 하게도 실수해서 틀렸다는 아이는 매번 시험 볼 때마다 몇 개씩 틀립니다. 반대로 시험 문제를 물어보지 않고 묵묵히 풀며 모든 문제를 100점 맞는 아이도 있습니다. 시험보기 직전에 함께 책을 보고 공부하고 예상문제와 답을 설명해도 평가에서 틀리는 아이들도 많습니다.

앞의 이야기들의 원인에는 집중력, 기분, 컨디션 등 여러 이유가 있습니다. 하지만 무엇보다도 결정적인 이유는 문해력입니다. 교사는 최대한 쉬운 단어와 문장으로 설명을 하지만, 아이의 입장에서는 너무 어렵게 들릴 수 있습니다. 선생님의 설명 중 모르는 단어가 2개 이상 나오면 이해하기가 어렵습니다. 우리가 우주의 신비에 관한 연구 논문을 이해하기 어려운 것과 같죠. 아나운서가 뉴스를 친절하게 설명해도 완벽한 이해가 어려울 때도 있습니다. 설명을 올바르게 이해해도 복습하지 않아 까먹기도 합니다.

모든 문제에서 '실수'는 없습니다. 확신이 없기에 틀리고, 정확히 모르기 때문에 틀리고, 문제를 잘못 읽었기 때문에 틀립니다. 문제를 정확히 읽고 공부한 내용을 적용했다면 모두 맞힐 수 있습니다. 이처럼 아이들의 수업 이해도 및 평가와 밀접한 관계를 맺는 문해력은 성적과 떼어놓고 생각할 수 없습니다. 시험 문제에 대한 이해뿐만 아니라 공부할 때도 필수적이기 때문입니다.

문해력은 아이들의 일상생활에도 영향을 미칩니다. 친구들과 관계에서의 의사소통, 의견 전달하기, 자신감 등과도 밀접한 관련이 있습니다. 학습뿐만 아니라 아이의 삶에도 영향을 미치는 문해력은 초등학교 시기에 길러야 할 필수요소입니다.

아이 스스로 깨달아야 변한다

생각해 보면 문해력이 없어도 살아가는 데 큰 지장은 없습니다. 글을 읽을 수만 있어도 기본적인 의식주를 해결하거나 사람들과 의사소통을 할 수 있습니다. 하지만 기본적인 생활 욕구를 충족하는 것 외에도 우리에겐 때로 고등사고력이 필요한 순간들이 있습니다. 계약서나 기사를 읽고 올바르게 이해하는 능력, 문서 작업 능력, 자기 생각을 올바르게 풀어쓰는 능력 등 문해력이 밑바탕이 되는 일들이 많습니다. 아이들에게 이런 복잡한 생각을 전달하는 것은 무리이기에, 대신 저는 단순하게 이야기를 해줍니다.

"친구들과 재미있는 글을 읽고 이야기를 나누는데, ○○이만 이해하지 못한다면 어떨까?"

"다 같이 모둠 활동을 하면서 자료를 보고 분석해야 하는데, ○○

이만 어려워하면 어떤 느낌일까?"

이야기를 들은 ○○이는 잠시 생각하는 것처럼 보였습니다. 어떻게 반응했을까요? 역시 예상대로 "상관없어요"라는 답이 돌아왔습니다. 저는 포기하지 않고 다른 이야기를 들려주었습니다.

"만약 ○○이가 중요한 계약을 하는데 계약서를 정확하게 이해하지 못한 채 사인을 했어. 근데 알고 보니 ○○이에게 불리한 내용이라 가진 돈을 모두 잃게 되면 어떨까?"

평소 돈에 관심이 많은 아이에게 돈 이야기를 하니 조금 반응이 왔습니다. 그리고 여러 가지 좋은 이야기를 해 주며 상담을 마쳤습니다.

문해력이 부족한 아이들에게는 관심 있는 분야에 맞춰 이야기하려고 노력합니다. 돈, 게임, 연예인, 친구 등 아이들의 관심사에 초점을 두고, 최대한 관련 내용으로 문해력의 필요성을 설명해 줍니다. 상담을 마치면 대부분 아이들은 수긍하고 조금씩 변해 가는 모습을 보여 줍니다. 문해력이 수업 내용과 관련이 있다고만 생각하는 아이들에게, 세상을 살아가는 데 문해력이 꼭 필요한 이유를 말해 주면 솔깃하게 귀기울였습니다. 물론, 위 사례는 고학년 아이들을 대상으로 했기에 저학년은 조금 다른 접근 방법이 필요하지요.

저학년은 조금 더 친절하게 문해력의 중요성과 책 읽기의 재미를 느끼게 해 주어야 합니다. 논리적이고 구체적인 설명보다는 지금 이걸 통해 얻게 되는 장점에 초점을 맞춰 이야기합니다. "지금 읽는 책으로 조금 뒤에 퀴즈 대회를 할 거야.", "책을 열심히 읽으면 그림 그리는 시간이 5분 늘어날 수도 있어."와 같은 방법도 좋습니다. 집에서는 더 즐거운 규칙을 여러 가지 정할 수 있습니다.

모든 학습의 기초,
문해력

이해가 되어야 출력이 됩니다

어휘, 독해, 글쓰기를 태생적으로 좋아하는 아이들은 많지 않습니다. 인류의 진화를 살펴봐도 문자 없이 생활한 기간이 꽤 깁니다. 동굴 벽에 그림을 그리다가 점차 글자의 필요성을 느껴 문자가 발명되었습니다. 글로 쓰지 않고 말로만 의사소통하면 편하긴 할 테지요. 손가락 아프게 공책을 빼곡히 채울 필요도 없고, 글을 읽고 이해하는 시험도 볼 필요가 없습니다. 하지만 인류에게는 말로 전하기 힘들 만큼의 방대한 정보가 생겨나기 시작했고 결국 글자를 개발해 기록으로 남겼습니다.

인간의 뇌도 초기에는 동물과 같은 미개한 상태이지만 언어를 학습하며 뇌 구조가 변화하고 발전합니다. 미개한 뇌가 제 위치를 찾아가고 서로 연결되어 정보를 교환하기 시작합니다. 글자를 배우고 공부하면서 뇌의 다양한 부분이 발전하여 높은 사고력이 생깁니다. 아직 뇌가 성장 중인 우리 아이들에게 어휘, 독해, 글쓰기를 강조하는 이유이기도 합니다.

2015년 세계경제포럼Davos Forum에서는 21세기 인재가 갖춰야 할 핵심 능력 16가지를 발표했습니다. 특히 그중에서도 과학 문해력, ICT 문해력, 문화·생활과 정치 문해력의 중요성을 강조했습니다. 기초 문해력은 일상생활에서 자연스럽게 길러집니다. 하지만 남들보다 뛰어난 고차원적인 문해력은 노력과 반복, 실천을 통해 길러집니다.

최근 여러 통계에 따르면, 화려한 영상과 즉흥적인 영상자료, 짧은 글에 익숙해진 아이들은 긴 문장 읽기를 싫어하고 이해력도 부족합니다. 열심히 읽기는 하나 이해를 못 하는 아이러니한 상황도 발생합니다. 글을 읽고 내용을 요약하거나 다른 사람에게 말로 표현할 수 없다면 올바르게 이해했다고 볼 수 없습니다. 올바른 이해는 입력에서 끝나는 것이 아니라 출력까지 이어져야 합니다.

문해력이 없으면 밑 빠진 독에 물 붓기

문해력은 학습의 기초입니다. 아이가 문해력이 부족한데 공부를 시키는 건 밑 빠진 독에 물을 붓는 것과 같습니다. 최선을 다해 열심히 물을 부어도 장독대에는 물이 채워지지 않습니다. 마치 수학 공식을 외우지 않고 문제를 풀거나 한글을 모른 채 동화책을 읽는 것과 다르지 않습니다. 문제를 이해하기도 어렵고 필요한 공식도 모르는 상태입니다.

좋은 강의, 과외, 학습지 등은 아이의 학습에 도움을 줍니다. 아이들은 열심히 수업을 듣고 이해하여 머릿속에 집어넣습니다. 요점만 정리해 설명해 주면 이해도 잘됩니다. 하지만 이는 스스로 이해하기보다는 떠먹여 주는 데 익숙해지는 것입니다.

설명을 듣고 이해하는 능력을 우리는 '이해력'이라고 부릅니다. 아이들은 어릴 때부터 설명을 듣고 이해하는 능력은 탁월합니다. 부모님과 선생님께 배우며 자연스럽게 설명을 듣고, 그에 따라 문제나 상황에 적용하는 방법이 익숙해집니다. 하지만 여기에는 한계가 있습니다. 폭넓은 지식을 전달하기에는 시간이 부족하다는 것입니다.

목적에 따라 글을 읽고 필요한 내용을 이해하는 것을 '문해력'이라고 부릅니다. 더 나아가 의사소통을 할 때나 실생활에서, 이해한 내용을 바탕으로 응용하는 능력까지 포함합니다. 문해력은 이해력과 달리 자연스럽게 길러지지 않습니다. 독서, 글쓰기, 문제 풀이 등을 통해 인위적으로 길러야 하는 능력입니다.

만약 우리 아이가 문해력이 부족하면 어떤 일이 생길까요? 공부할 때마다 모르는 어휘가 가득합니다. 바로 옆에는 물어볼 사람조차 없습니다. 문장이 이해가 안 됩니다. 수학 문제에 쓰인 글자들이 이해가 잘 안 됩니다. 국어 문제를 읽는데 무슨 뜻인지 잘 모르겠습니다. 번호 옆에 나온 문장도 정확히 이해가 안 됩니다. 친구들이 재미있게 읽는 책이 있어서 함께 보는데, 내용 이해가 안 됩니다. 역사도 마찬가지입니다. 낯선 왕들이 계속 나오고 생소한 전쟁 이름만 해도 수십 가지입니다.

독해를 통해 서로 관련짓고 인과관계를 파악해 기억에 남겨야 하지만 문해력이 부족하면 접점을 찾기가 힘듭니다. 그러다 보면 점차 공부에 흥미를 잃어 갑니다. 주변 아이들은 다 알고 있는 것 같은데, 자신만 모른다고 이야기하기도 창피합니다. 모르는 채로 넘어가고 싶은 마음이 커집니다. 점차 학습에 대한 자신감이 떨어지기 시작합니다.

서술형 평가 문제가 늘어나는 추세

문해력이 뛰어난 아이들은 국어뿐만 아니라 모든 과목을 잘합니다. 문제를 풀려면 먼저 지문을 읽어야 합니다. 문제의 내용을 이해하고, 이해한 내용을 바탕으로 지문을 읽습니다. 그리고 내가 알고 있는 지식과 연결해 정답을 찾아냅니다. 다시 한번 읽고 검토도 해야 하죠. 모든 과목에 공통으로 적용되는 방법입니다.

최근 서술형 평가가 강조되고 있습니다. 초등학교에서 실시하는 교사별 상시평가에서는 객관식 문제를 없앴습니다. 100% 서술형으로 문제를 내는 지역도 많습니다. 또한 2022 교육과정 개편 내용을 보면 서술·논술형 평가를 확대할 예정이라고 합니다.

서술형 평가에서는 아이가 알고 있는 단어와 사건을 관련지어 새로운 문장으로 표현해야 합니다. 스토리텔링과 사고력 문제가 요즘 수학의 트렌드입니다. 그런데 긴 지문의 문제를 이해하지 못해 틀리는 아이들이 정말 많습니다. 개념, 원리, 연산에 자신 있는 아이들도 많이 틀립니다. 사회와 과학, 영어도 마찬가지입니다. 사회 교과는 서로 복잡하게 얽혀 있는 사회 현상을 배우기 때문에 문해력이 필수이며, 과학 교과는 실험 설계 및 결과를 하나의 과정으로 이해하는 데 문해력이 필요합니다. 영어는 국어와 마찬가지로 언어이고, 우리말과 어순이 달라 발전된 문해력이 필요합니다. 문해력은 모든 교과와 관련 있는, 우리 아이 학습에 필수조건입니다.

학교에서 읽고 이해하는 데 많은 시간이 걸리는 아이들은 점차 학습에 대한 자신감이 떨어집니다. 공부하는 시간 대비 효율이 나오지 않으니 아이들은 공부에 대한 흥미가 점점 떨어집니다. '해도 안 된다'는 부정적인 감정만 점차 쌓일 수도 있습니다. 아이가 공부에 질리지 않고 중·고등학교 때 좋은 성적을 받고 싶다면 문해력은 필수입니다. 떠먹여 주는 공부로는 한계가 있기 마련입니다. 스스로 요리해서 원하는 만큼 먹는 공부를 해야 합니다.

아이의 성적은
문해력에 달려 있다

성적을 올리는 필수요소

아이들에게는 대학교 입학 전까지 12년의 시간이 있습니다. 대학교 입학을 간단히 2가지로 나누면 내신의 비중이 높은 수시 전형(학생부 종합전형)과 수능 비중이 높은 정시 전형이 있습니다. 아이가 아직 어리기에 어떤 전형으로 대학을 진학할지 결정을 내릴 수는 없습니다. 수시 전형 비율과 정시 전형 비율은 매년 큰 폭으로 변동이 있습니다. 교육 정책에 따라 계속 바뀌고 있지요. 고등학생 아이들의 경우 수시파와 정시파로 선택과 집중을 하기도 하지만, 대부분은 둘 다 준비합니다.

어느 쪽을 준비하든 문해력은 아이들이 좋은 대학을 가는 데 큰 역할을 합니다. 수시로 진학하려면 학생부 종합전형의 봉사활동, 창의적 체험활동 등 필요한 요소가 많지만 가장 기본은 학교 성적입니다. 학교 성적을 잘 받기 위해서는 학교에서 배운 내용을 모두 이해하고 외우고 활용하는 능력이 필요합니다.

학교 시험 문제는 수업시간에 배운 틀 안에서 출제됩니다. 수업시간에 배운 내용을 효과적으로 외우고 응용문제까지 해결할 수 있을 때 상위권이 될 수 있습니다. 스스로 문제를 낼 수 있는 능력까지 갖춘다면 최상위권의 성적을 유지할 것입니다.

교과서에 나오는 어휘에 막힘이 없어야 한다

현재 수능은 서술형이 없고 모두 지문을 읽고 이해하여 푸는 방식입니다. 기본적인 문해력과 교과 이해력이 필수죠. 그리고 이 둘 모두 교과에 대한 이해를 기초로 합니다. 방대한 공부량을 머릿속에 집어넣으려면 하나씩 차곡차곡 쌓아 올려서는 불가능합니다. 배운 내용을 간단히 요약하고 서로 연관 짓고 필요에 따라 하나로 뭉치거나 분류하는 등 정리하는 활동이 필요합니다.

열심히 공부했는데 시험 성적이 잘 나오지 않는 이유는 문해력이 부족해 효율적으로 외우지 못했기 때문일 수 있습니다. 신문 기사 하나를 통째로 외운다고 생각해 보세요. 내용 전체에 대한 이해와 핵심 단어를 통한 연상법이 아니라, 첫 문장부터 무조건 외운다고 생각하면 최소 1~2시간은 넘게 걸리지 않을까요?

〈6학년 과학 교과 내용〉

액체는 압력을 가해도 부피가 거의 변하지 않지만, 기체는 압력을 가한 정도에 따라 부피가 달라진다. 비행기 안에 있는 과자 봉지는 땅에서보다 하늘을 나는 동안 더 많이 부풀어 오른다. 비행기 안의 압력은 땅보다 하늘에서 더 낮기 때문이다. 깊은 바닷속에서 잠수부가 숨을 내쉴 때 생긴 공기 방울은 물 표면으로 올라갈수록 주위의 압력이 낮아지기 때문에 더 크게 부풀어 오른다. 생활 속에서 압력 변화에 따라 기체의 부피가 달라지는 현상에 관심을 기울이며 살펴보자.

〈6학년 사회 교과 내용〉

가계는 기업에서 일하며 생산 활동에 참여한 대가로 소득을 얻고 기업은 물건과 서비스를 생산해 시장에 공급한다. 가계는 시장에서 생활에 필요한 물건과 서비스를 구매하고 기업은 이를 통해 이윤을 얻는다. 이처럼 가계와 기업은 시장에서 물건과 서비스를 거래하며, 가계와 기업이 하는 일은 서로에게 도움이 된다.

위의 지문은 실제 초등학교 6학년 과학과 사회 교과서 지문의 일부입니다. 읽자마자 한 번에 이해가 잘된다면 독자분의 문해력은 좋은 편입니다. 교과서에는 우리가 생각하는 것보다 어려운 어휘들이 많이 나옵니다. 문제를 풀려면 문제를 이해하고 올바른 답을 써야 합니다. 그보다는 먼저 개념에 대한 명확한 이해가 있어야겠죠. 개념을 이해하기 위해서는 단어의 뜻을 분명히 알아야 합니다.

공부할 때마다 모르는 단어가 나오지 않도록 모든 어휘를 외울 수도 있습니다. 하지만 비효율적이고 힘든 길입니다. 문해력을 키워 모르는 단어도 유추하는 연습이 꼭 필요한 이유입니다. 아이가 읽기에 자신감이 생겨야 성적 향상을 기대할 수 있습니다. 만약 우리 아이가 교과서를 읽을 때 모르는 어휘가 가득하다면, 공부를 포기하고 싶다는 생각이 들 수도 있지 않을까요?

공부뿐만 아니라
살아가는 데 필요한 문해력

독해력과 지향점이 다른 문해력

언젠가부터 글을 읽어도 이해하지 못하는 사람들이 늘고 있다고 합니다. EBS에서 방송한 〈당신의 문해력〉을 보고 현재 우리의 문해력 실태에 충격을 받았다는 분이 많았습니다.

최근 교육에서는 문해력을 강조합니다. 독해력과 문해력은 시작점은 같지만 지향하는 점이 다릅니다. 독해력은 다양한 책을 읽고, 이해하고, 자신의 말로 표현하는 과정을 거칩니다. 문해력은 여기서 한 걸음 더 나아갑니다. 단순히 글을 읽고 상상하여 표현하는 것에 그치는 것이 아니라, 확실한 목적을 가지고 글을 읽을 때 우리는 문해력을 언급합니다. 글을 읽으면서 글쓴이의 목적, 생각, 중심 생각, 내용을 파악하며 궁극적으로 '나'와 연결하는 과정입니다. 그리고 '나'와 연결된 내용은 더 깊고 구체적이고 실천 가능한 내용으로 표현되어 자아존중감에도 영향을 미칩니다.

독해 문제집을 풀면 문해력을 키울 수 있다?

우리나라 아이들은 3, 4학년 때까지는 독서를 충분히 하는 편이지만, 고학년이 되고 난 이후부터는 책보다는 문제집과 더 가까워집니다. 문제집을 많이 풀면 다양한 유형의 문제를 접해 보고 적용해 보는 장점도 있지만, 문제 풀기에 익숙해져 긴 글을 읽는 데 어려움을 보이거나 요령껏 문제만 푸는 습관이 생겨나기도 합니다. 집에서 책을 읽기보다는 늘어난 숙제량에 지친 몸을 이끌고 자기에도 시간이 충분하지 않습니다.

최근, 아이들의 문해력을 기르기 위해 국어 독해 문제집을 많이 풀게 하는 부모들이 있습니다. 출판사별로 초등 독해 문제집은 높은 판매량을 보입니다. 다양한 캐릭터와 만화가 등장하는 책들이 아이들의 눈을 사로잡습니다. 단계별로 정리된 문제집은 아이의 수준을 확인하고 문해력을 끌어올리는 데 도움이 될 수 있습니다. 하지만 책 읽기가 없는 독해 문제집은 '전혀' 다른 이야기입니다. 시간 대비 공부 효율성으로 따지자면 독해 문제집을 풀지 않는 것이 더 좋습니다. 오히려 긴 글 읽기에 더 큰 거부감이 생길 수도 있기 때문입니다.

긴 글을 읽고 스스로 생각해 보거나 내용을 기억해 본 적 없는 아이들에게 독해 문제집은 과연 어떤 의미가 있을까요? 독서 없이 독해 문제집만 푼다면 긴 글을 읽지 못하는 아이가 될 수 있습니다. 독해 문제집은 길어야 3~4개 문단으로 구성되어 있습니다. 아이가 평소 읽는 책의 절반도 되지 않습니다. 자극적인 영상과 TV, 게임에 익숙한 아이들에게 긴 글 읽기는 더욱 어려운 과제가 되고 있습니다. 아이들이 너무 짧은 글에 익숙해지지 않게 해 주세요. 짧은 글에 익숙해진 아이들은 생각도 짧게 바뀌기 쉽습니다. 단답형 대답을 하고, '응', '싫어', '아니'라는 답변을 더욱 자주 하게 만들죠. 책 읽기가 우선입니다. 책을 읽고 난 후 독해 문제집을 풀게 하세요. 책 없는 독해 문제집은 아이의 뇌 발달을 저해하는 결정적인 요소입니다.

살아가는 데 필요한 힘

문해력은 살아가는 데도 큰 힘이 됩니다. 아이는 살아가며 수많은 결정의 상황에 놓입니다. 친구들과 놀이할 때, 새로운 것을 시작할 때, 공부할 때 등 하루에도 크고 작은 결정을 합니다. 이때 문해력은 아이가 올바른 의사결정을 하는 데 큰 도움을 줍니다. 올바르게 읽고 이해하는 능력을 지닌 아이들은 긴 글과 이야기에서 핵심을 추려내는 능력이 뛰어납니다. 다양한 상황을 간접 경험해 보며 올바른 판단을 내리는 데도 도움을 줍니다. 나아가 친구의 마음을 헤아리고 상대방의 입장에서 생각해 보는 노력도 할 수 있죠.

최근 사회는 많이 복잡해졌습니다. 무엇이 옳은지 그른지 스스로 판단할 수 있는 능력이 있어야 합니다. 아이가 거짓 정보와 이해관계가 얽힌 세상에서 제대로 살아가려면 올바르게 판단하고 생각하는 능력은 필수입니다.

내 아이의 문해력은
어느 정도일까?

초등 아이 문해력 알아보기

우리 아이의 문해력을 알아보려면 어떻게 해야 할까요? 검색 한 번이면 테스트해 볼 수 있는 여러 사이트가 나옵니다. 무료와 유료 모두 있으며, 20~30분의 짧은 시간에 문해력 수준을 테스트할 수 있습니다.

이외에 간단한 방법은 아이가 해당 학년 교과서를 읽고 문제를 해결할 수 있는지 확인해 보는 것입니다. 3학년 아이라면 3학년 '국어-가', '국어-나' 책을 읽고 교과서에 나온 문제를 풀어 보게 할 수 있습니다. 막힘없이 문제를 해결한다면 평균적인 독해는 가능하다고 볼 수 있습니다. 또한, 교과서 한 쪽당 모르는 어휘가 3개 이하이고, 문맥을 통해 전체 내용을 이해할 수 있어야 합니다.

아이의 문해력이 평균 이상이라면, 아직 학교에서 배우지 않은 사회와 과학 교과서의 단원을 읽고 새로 나온 어휘와 내용을 이해할 수 있습니다. 교과서를 통해 문해력 수준을 확인해 보았다면, 시중에 나온 동화책을 읽고 아이가 읽고 이해하는지 확인해 볼 수 있습니다. 해당 학년이나 고학년 책을 무리 없이 읽는다면 문해력이 잘 형성되어 있다고 볼 수 있습니다.

학년별 권장도서를 읽고 아이의 문해력 파악하기

학년	책 이름	출판사
1학년	책 먹는 여우	주니어김영사
2학년	안 읽어씨 가족과 책요리점	문학동네
3학년	우동 한 그릇	청조사
4학년	아름다운 아이 줄리안 이야기	책과콩나무
5학년	거짓말 학교	문학동네어린이
6학년	별	소담출판사

문해력은 책을 읽는 것뿐만 아니라 책을 읽고 난 후 자신의 삶과 연결해 다른 사람에게 설명할 수 있는 능력을 뜻합니다. 교과서의 지문을 읽고 문제를 해결하는 것으로 문해력을 알아보았다면, 동화책을 읽고 독후활동이나 내용에 관한 질문을 해 보는 것이 좋습니다.

위 표의 해당 학년별 권장도서를 읽어 보고 활동을 해 보세요. 아이가 책의 내용 중 모르는 어휘가 많아 이해를 못 할 수도 있고, 전체적인 흐름을 파악하지 못해 책 읽기를 어려워할 수도 있습니다.

아이에게 책이 정말 재미가 없는지, 또 이해되지 않는 부분이 있는지 물어보세요.

로봇 증후군 체크리스트

문해력과 밀접한 관계인 '로봇 증후군'에 대해 들어보셨나요? 로봇 증후군이란 책을 읽을 때 이해는 하지 못한 채 로봇처럼 그냥 읽기만 하는 것을 의미합니다. 부모님이 시켜 책상에 앉아 공부는 하지만 다른 생각을 하거나, 공부를 열심히 하는 것 같지만 성적이 나오지 않거나, 책을 읽어도 내용을 기억하지 못하거나 요약을 못 한다면, 로봇 증후군 체크리스트로 한번 점검해 보세요. 생각보다 많은 아이가 로봇 증후군에 해당합니다.

로봇 증후군인 아이들은 독서뿐만 아니라 읽기, 말하기, 공부 등에 부정적인 태도를 보이기 쉽습니다. 또한 숙제를 하지 않는 일도 점차 늘어납니다. 문해력이 높은 아이들은 빠른 시간에 숙제를 해결하지만, 문해력이 부족한 아이들은 숙제를 이해하는 데서부터 어려움을 겪습니다. 숙제를 하는 시간이 오래 걸리고, 자신감도 떨어져 포기하기 쉽습니다.

다음의 읽기 능력 진단표를 통해 현재 상태를 진단해 보고 솔루션을 적용해 보세요.

읽기 능력 진단표

	질문	O/X
1	수업시간에 주변을 두리번거리는 일이 잦다.	
2	대화 도중 주제에서 벗어난 이야기를 자주 꺼낸다.	
3	공부를 열심히 해도 성적이 오르지 않는다.	
4	틀린 문제를 다른 사람이 읽어 주면 바로 풀 수 있다.	
5	학년이 올라갈수록 성적이 계속 떨어진다.	
6	교과서에서 중요한 부분을 찾지 못한다.	
7	혼자 공부하는 방법을 잘 알지 못한다.	
8	책 읽는 속도가 또래에 비해 느리다.	
9	읽은 책의 내용에 관해 물어보면 대답을 못 한다.	
10	책을 끝까지 읽지 않는 경우가 많다.	

출처: 『초등 공부, 습관으로 정복하기』

*0~3개: 읽기 능력이 우수합니다. 평소 책 읽는 습관, 대화하는 습관을 꾸준히 유지하며 다양한 독후활동을 함께해 보세요.

*4~5개: 읽기 능력에 대한 부모의 관심이 필요합니다. 사랑과 관심으로 다양한 책 읽기 활동을 해 보세요. 거미줄 글쓰기(○○쪽 참조)를 집중적으로 연습해 보세요.

*6개 이상: 아이의 읽기 능력이 또래보다 현저히 부족할 가능성이 큽니다. 어휘력을 기르는 5가지 습관(○○쪽 참조)을 열심히 실천해 보세요.

학년별 특성에 따라
접근법이 다르다

초등 학년별 특징

1학년부터 6학년까지의 아이들은 특성이 모두 다릅니다. 1학년 아이들은 책을 읽고 나서 정말 자신이 주인공이라고 생각합니다. 또 주변의 이야기는 잘 듣지 못하고 자신의 주장만 내세우는 시기입니다. 문해력보다는 올바르게 소리 내어 읽는 단계죠. 책 내용에 대한 깊은 이해보다는 책에 있는 개별 문장의 뜻을 이해하는 데 중점을 둡니다.

2학년은 좀 더 차분해집니다. 글씨를 읽는 데 익숙해져 1학년보다 높은 수준의 책 읽기가 가능합니다. 공부 습관이 차츰 생기는 시기죠. 3학년은 자신에서 주변으로 생각이 넓어지는 시기입니다. 주변에 관심이 많아 친구들, 위인전 등의 영향을 많이 받으며 도덕성이 본격적으로 발달합니다. 규칙을 지켜야 하는 이유와 지키지 않을 때의 문제에 대해 명확히 이해하며, 눈치가 빨라집니다.

4학년은 아이들의 성적이 확연하게 차이나는 때입니다. 공부 습관, 생활습관, 태도, 숙제 등이 고착화됩니다. 이때 올바른 습관을 갖지 못한 아이들은 고치기가 쉽지 않습니다. 올바른 습관을 형성하기 위한 적정기입니다. 물론 5, 6학년 때도 올바른 습관 만들기는 가능하지만, 아이와 자주 부딪칠 수 있습니다. 요즘 빠른 아이들은 4학년 때 사춘기가 시작되기도 하니까요.

5학년은 구체적 조작기가 끝나고 형식적 조작기가 시작됩니다. 논리적으로 생각하는 힘이 본격적으로 생기는 때입니다. 아이들의 말 속에 논리성이 조금씩 드러나죠. 원인과 결과가 드러나거나 주장하는 글을 제법 잘 써냅니다. 또한 교과서에서 배운 내용을 글로 요약할 수 있는 시기입니다.

6학년은 자아의식이 강해집니다. 자기 주장이 있어 부모와 대립하는 일도 많아집니다. 추리소설, 에세이에 흥미를 보이기도 하죠. 자신의 생각이 무조건 옳다고 판단하는 경우가 많아 가족 간에 평소 원만한 관계유지가 필요합니다. 학습에서는 공부를 잘하는 아이와 못하는 아이의 격차가 눈에 띄게 두드러지며, 학습 자신감이 큰 편차를 보입니다.

학년별로 아이들의 학습 능력을 끌어올리는 방법

아이들의 전반적인 특징을 살펴보니 어떤 생각이 드나요? 아이가 태어난 후 뒤집기를 하고 배밀이를 하고 기어 다니고 걷기까지 걸리는 시간은 모두들 제각각입니다. 마찬가지로, 학년별 아이들의 특징도 성장에 따른 일반적인 발달단계이며 개인별로 차이가 있을 수 있습니다. 느리다고 문제가 되지는 않습니다. 하지만 해당 과정을 겪지 않는다면 부모의 적극적인 노력이 필요합니다. 아이들의 일반적인 특징에 따른 실천방법에는 어떤 것들이 있는지 살펴봅시다.

1학년은 아직 읽기 능력이 완벽하지 않아 정확하게 읽지 못하거나 의미군 별로 끊어 읽기를 하지 못 할 때도 있습니다. 이때 즉각적인 피드백을 주기보다는 부모가 먼저 소리 내어 읽고 아이가 따라 읽게 해 보세요. 중요한 내용이나 사건은 강조해서 읽어도 좋습니다. 소리 내어 읽기는 아이들의 집중력 향상과 흥미 유발에 도움을 줍니다. 특히 소리 내어 읽기를 많이 연습한 아이들은 문장의 구조를 파악하는 능력과 이해력이 높아집니다. 학교에서 친구들에게 책을 읽어 주거나 수업시간에 발표할 때도 도움이 되죠.

1학년 아이들 중 그림만 재빨리 보고 "다 읽었다!"라는 아이들이 종종 있습니다. 소리 내어 읽기는 시간이 오래 걸립니다. 그림만 보는 것이 아니라 내용을 함께 읽는 방법입니다. 책을 읽을 때 의성어와 의태어를 조금 더 큰 소리로 읽고, 대화가 나오면 목소리를 변형해 읽어 보세요. 헷갈리는 문장은 여러 번 반복해서 읽으면 도움이 됩니다.

2학년 아이들은 집에서 자신이 주인공입니다. 모든 사랑과 관심을 독차지하죠. 하지만 학교에 오면 상황이 바뀝니다. 주인공이 되기 위해 노력을 해야 합니다. 친구들의 관심, 선생님의 관심을 받기 위해 다양한 행동을 합니다. 발표 열심히 하기, 선생님께 종이접기 선물 드리기, 친구들 맛있는 음식 사주기 등등입니다. 수업시간에 "저 다 했어요."라고 큰소리치며 뿌듯해하고, "저 이거 다 알아요." 라고 대답하기도 하며, "이 책 저 읽어 본 거예요. 줄거리는요~."라고 말하는 모습을 보며 아이들의 성향을 어느 정도 알 수 있죠.

그중 책으로 관심을 끄는 방법이 있습니다. 아이들은 본능적으로 친구들보다 재미있는 책, 글자가 많은 책을 읽으며 뽐내고 싶어 합니다. 조금 더 두껍고 어려운 책에 관심을 보이죠. 아이들은 자신의 행동으로 주변의 관심을 받게 되면 행동이 더욱 강화됩니다. 결과적으로 다소 높은 수준의 책 읽기에 도전합니다. 아직 문해력이 부족해 읽기 어려운 책을 가지고 오는 아이들도 많습니다. 이를 잘 활용해 아이들의 독서 수준을 높여 줄 수 있습니다. 다소 난도가 높은 책을 권해 보세요. 도전정신이 꽤나 높아질 시기인 2학년은 아무리 어려운 책이라도 읽어 보겠다고 도전할 것입니다. 3학년과 4학년이 읽는 책이라고 하면 더욱 의욕을 보이며 책을 읽을 수도 있는 나이입니다.

3학년이 되면 아이들이 꽤 자랍니다. 부모로서 아이를 봐도 '많이 컸구나'라는 생각이 들 때입니다. 아직 어린 모습이 남아 있긴 하지만 혼자서도 곧잘 해내는 모습을 보면 대견합니다. 본격적으로 도덕성이 자라나는 3학년 시기에는 부모의 모습, 행동, 가치관을 스펀지처럼 흡수합니다. 이때 부모의 상냥하고 이해심 많은 모습을 보고 자란 아이들은 학교에 와서 똑같은 행동을 합니다. 부모의 무질서함, 거친 언어와 행동을 보고 자란 아이들도 마찬가지로 부모와 같은 행동을 보입니다.

'우리 애는 왜 그럴까'라는 생각이 든다면 부부간 대화습관, 아이와 함께 나갔을 때의 언어습관에 아이가 영향을 받은 것은 아닌지 점검해 보는 것이 필요합니다. 부부간 존중하는 대화, 양가 부모님과의 대화, 아이와 함께 외출했을 때 낯선 사람들과 나눈 대화와 행동에서 많은 것을 배웁니다.

4학년은 아이들 사이 성적과 문해력 차이가 두드러집니다. 다른 무엇보다 학업 성적에서 큰 차이가 생깁니다. 아이들은 공부 잘하는 아이와 못하는 아이를 명확히 구별해 서로의 자존감에도 큰 영향을 미칩니다. 3년 동안 누적된 학습에 따른 격차가 본격적으로 드러나기 시작합니다. 특히 글쓰기와 수학에서 두드러집니다. 문해력은 국어 시간과 책 읽기에서 드러납니다. 빠른 아이들은 150페이지가 넘는 청소년 동화, 성인 대상 동화를 읽죠. 그림이 전혀 없는 글 책에 관심을 보이기도 합니다. 만약 아이가 문해력에서 부족함이 느껴진다면 학원에 다니는 시간을 조금 줄여 주세요. 대신 집에서 독서를 하고 독후활동을 해 보는 겁니다. 책 읽기에 익숙해지면 그때 시중에 출판사별로 나와 있는 독해 문제집을 풀어 봐도 좋습니다. 문해력이 부족하다면 공책 정리를 시작해 주세요. 학교에서 쓰는 공책뿐 아니라 오답 노트, 요약 노트 등 1권을 정해 1년 동안 꾸준히 써 보는 것도 도움이 됩니다.

5학년 아이들은 사춘기가 본격적으로 시작됩니다. 예전에는 중학교에서 시작되던 사춘기 연령이 차츰 낮아져, 빠르면 4학년 때 시작되기도 합니다. 사춘기가 시작되었다는 건 스스로를 돌아보는 능력이 생겼다는 것을 뜻합니다. 일종의 성찰 능력이 자라는 시기죠.

이 시기 아이들은 논리력이 크게 자라납니다. 예전보다 아이의 주장과 근거의 수준이 높아집니다. 이를 적극적으로 활용해 보세요. 아이가 원하는 물건이나 요구 사항이 있다면 명확한 주장과 근거를 댈 수 있게 해 보세요. 더불어 요약까지 할 수 있게 한다면 아이들 논리력에 큰 도움이 되겠죠? 특히 신문, 뉴스를 보며 읽고 이해하는 연습이 필요합니다. 비판적 사고력을 기를 수 있는 단계입니다. 종이 신문에서 마음에 드는 기사 1~2개를 스크랩해 자기 생각을 짤막하게 써 보게 하세요. 일종의 NIE[Newspaper In Education]죠. 뉴스도 시간 날 때 종종 함께 보면 좋습니다.

6학년 시기에는 자아의식이 강해집니다. 아이의 자아존중감이 80% 정도 결정되는 시기입니다. 겉보기에는 많이 자랐지만, 마음은 아직 어립니다. '간섭하지 마'라는 분위기를 풍기며 뭐든 스스로 하려는 시기죠. 모든 걸 아이 스스로 하면 좋겠지만, 부모의 지도나 조언이 아직 필요한 시기입니다. 올바른 길과 방법을 알려 주어야 하기 때문이죠.

이 시기 아이들의 자아의식은 외부에서 보는 모습에 따라 결정됩니다. 외모, 신체 능력(운동, 춤 등), 공부, 글쓰기, 미술(음악) 실력 등 눈에 보이는 결과를 토대로 자아의식을 만듭니다. 외모와 신체 능력, 미술, 음악적 능력은 타고난 기질에 따른 차이가 큽니다. 아이의 노력을 통해 가장 변화시키기 쉬운 두 가지가 공부와 글쓰기입니다. 6학년이 된 아이들은 친구의 시험성적과 글쓰기에 민감합니다. 잘하는 친구들을 보며 '부럽다'는 이야기도 많이 합니다. 따라서 꾸준한 학습과 글쓰기 연습을 통해 아이의 자아존중감을 높여 줄 필요가 있습니다.

초등 아이들을 양육하는 좋은 방법

아이에게 가장 좋다고 알려진 양육법이 있습니다. 우선, 아이의 감정과 생각을 모두 들어줍니다. 들어주긴 하되 모두 허락하지는 않습니다. 바로 명확한 규칙이 있기 때문이죠. 방임과는 다릅니다. 방임은 규칙 없이 아이가 하는 모든 것을 다 들어줍니다. 아이가 응석받이나 학습부진아가 될 가능성이 가장 큰 양육법입니다. 방임하는 부모는 부모로서 존경받지도 못합니다. 아이와 갈등만 점점 커지죠. 따라서 명확한 규칙을 토대로 아이의 감정과 생각을 모두 수용해 주세요. 명확한 규칙을 따르며 자란 아이들이 학교에서도 잘 적응하고, 친구들과 규칙을 정해 놀 때도 잘 따릅니다.

연구결과에 따르면 창의력이 가장 높은 집단도 명확한 규칙 아래 모든 이야기를 귀 기울여 들어주는 부모 밑에서 자란 아이들이라고 합니다. 아이가 어떤 친구들과 관계를 맺는지, 어떤 유튜브 채널을 주로 보는지, TV는 어떤 프로그램을 보는지 역시 확인해 보세요.

모든 언어와 행동들을 스펀지처럼 흡수하는 아이들에게 위인전은 많은 도움이 됩니다. 눈으로 보고 배우는 만큼 책에서도 보고 배울 수 있기 때문이죠. 전집에는 아이가 읽으면 좋은 내용이 많습니다. 동화, 위인전, 과학, 역사 등 종류별로 많은 전집이 있습니다. 아이가 자발적으로 읽는다면 더없이 좋은 책 읽기입니다. 도덕성과 문해력이 저절로 길러지기 때문이죠. 전집을 구매할 때 부모가 일방적으로 판단하거나 주변의 권유로 사지는 마세요. 큰돈을 주고 산 전집을 아이가 읽지 않을 수도 있습니다. 그전에 아이가 전집과 친해지는 기회를 주세요. 도서관이나 서점의 전집 코너에 가서 아이가 읽고 싶은 책을 직접 고르게 해 보는 것이 좋습니다. 이후 차츰 권수를 늘려가는 방법을 추천합니다.

풍부한 어휘는
문해력의 기초

어휘력을 익히는 데 결정적 시기

아기가 태어나서 말을 하려면 최소 6,500시간 이상의 어휘 입력이 있어야 합니다. 아이는 말하지 못하는 긴 시간 동안 수많은 단어와 문장을 들으며 스스로 학습합니다. 아이가 말이 빠르다면 유전적인 요인도 크지만 부모와 가족들의 언어 사용량도 영향이 있습니다. 긴 시간을 지나 결국 "아빠, 엄마"라는 말로 언어의 첫발을 내딛죠. 그리고 다양한 단어들을 이야기하며 하나의 문장, 문단을 말할 수 있게 됩니다.

부모가 아이에게 풍부한 어휘를 입력해 줄수록 아이의 언어 발달은 빠르고 풍부해집니다. 아이가 어릴 때 부모님이 대화를 많이 하고, 동화책을 읽어 주는 이유죠. 과연 어릴 때만 영향을 받을까요?

아이들은 자라면서 부모가 아닌 주변 사람들과 대중매체를 통해 언어 능력을 길러 나갑니다. 배운 내용을 빠르게 흡수하고 적절하게 활용하는 능력도 뛰어납니다. 초등학교 때는 어휘력이 폭발적으로 증가하는 시기입니다. 어휘력을 기르는 좋은 방법은 다양한 글을 접하며 자연스럽게 습득하는 것입니다. 물론 대화를 통해 기를 수도 있겠지만, 어휘를 활용해 문해력까지 나아가기 위해서는 글을 많이 읽는 것이 최선입니다.

자율주행차가 개발되고, 사물인터넷이 어느덧 우리 주변에 자리 잡았습니다. 외출 후에도 집안의 전등, 가스를 조절할 수 있고 환기도 시킬 수 있습니다. 로봇 청소기는 스스로 지도를 그려 청소를 하고, 목소리로 메시지를 보내고 전자기기를 작동시킵니다. 그렇다면, 클릭 한 번이면 해결되는 이처럼 편리한 시대에 풍부한 어휘는 왜 필요할까요?

4차 산업혁명 시대를 이끌어 가는 인물들을 살펴보면 모두 하나의 공통점이 있습니다. 종이로 된 책 읽기를 즐겨한다는 것입니다. 독서는 생각하는 힘을 길러주고, 개발 아이디어에도 영향을 미친다고 합니다. 새로운 제품을 개발하거나 미래에 필요한 인재가 되기 위해서는 두뇌 회전이 빠를수록 좋습니다. 제안서를 빠르게 이해하고, 상대가 이해하기 쉽게 설명하고 문서를 만들어 냅니다. 코딩 명령어도 짧고 간단할수록 가치가 높습니다. 모든 게 간단해지고 있지만, 개발자들은 결코 간단하게 제품을 개발하지 않습니다. 오히려 예전보다 고도로 복잡해진 과정을 통해 최대한 간단한 상품을 만들어 내죠. 사용자가 편리하고 이해하기 쉬운 제품이 최고의 제품이기 때문입니다.

어휘가 하나의 작은 지식이라고 생각해 보세요. 어휘와 어휘는 서로 관련지어 학습됩니다. 뇌에 존재하는 시냅스와 같죠. 시냅스는 서로를 연결해 가며 학습해 궁극적으로 뇌 용량을 증가시켜 똑똑하게 만듭니다. 시냅스는 초등학교 시기까지만 양적으로 증가하고, 중학교부터는 늘어나지 않은 채 모양만 변한다고 합니다. 초등학생 때 어휘를 열심히 공부한 아이가 똑똑해지는 이유입니다. 초등학교 시기에 어휘량을 늘려 시냅스의 양을 증가시키면 중·고등학교 때 학습의 효율성을 높여주는 데 결정적 영향을 미칩니다. 결국 어휘는 문해력을 길러 주고, 문해력은 두뇌의 효율성을 높이는 데까지 영향을 미칩니다.

학습을 할 때 배경지식이 중요하듯 문해력을 기르는 데는 어휘가 결정적인 역할을 합니다. 또래 아이들 중 유독 말을 잘하는 아이들이 있습니다. 말을 많이 하는 아이들과는 다르게 어휘 수준도 뛰어나고 논리적이기까지 합니다. 말을 잘하는 아이들의 특징은 부모님과의 대화가 많고 책 읽기를 좋아한다는 것입니다. 자연스럽게 아는 어휘가 많아지고 수업시간에 자신감이 커집니다. 큰소리로 발표를 하고 학습 활동에서도 주도적인 역할을 합니다. 자연스럽게 리더십도 길러집니다. 글쓰기에서도 뛰어난 성취를 보입니다. 풍부한 어휘와 재미있는 내용으로 선생님과 친구들에게 깊은 인상을 남깁니다. 주변 친구들의 칭찬에 으쓱해져 자신감은 배가 됩니다.

지금 우리 아이가 말을 조리있게 하지 못하거나 글을 잘 쓰지 못한다고 걱정하지 마세요. 풍부한 어휘를 익히면 자연스럽게 길러질 능력입니다.

사고력을 기르는 데 꼭 필요한 어휘

어휘력은 사고의 기초입니다. 인간은 지구상에 존재하는 다양한 존재를 언어로 학습합니다. 문자가 생겨나기 전에는 사물을 정확한 명칭으로 부르지 못했습니다. 먹어도 되는 음식과 독성이 있는 음식을 고갯짓이나 몇 가지 소리로 의사소통해 구분했습니다. 생존과 직결된 기초적인 수준이죠. 언어가 발달하면서 점차 '사과', '돌', '풀', '음식' 등으로 구체적인 이름을 붙이기 시작했습니다. 늘 보던 사물에 의미를 부여하며 인간의 사고는 더욱 폭넓어졌습니다. 사물과 사물은 서로 관련지어지고 쓰임새, 크기, 무늬에 따라 분류되기 시작합니다. 서로 다른 특징을 가진 사물은 여러 분야에서 쓰이게 되죠. 단어는 문장으로, 문장은 문단으로, 문단은 하나의 글로 발전합니다.

새로운 물건을 보고 궁금해하지 않고 지나친 경험이 있는지 한번 떠올려 보세요. 그 물건에 대한 사용법을 어느 날 저절로 알게 되었나요? 비슷한 제품이 새롭게 출시되었을 때 바로 적응할 수 있었나요? 무슨 일이든 직접 해 보지 않으면 모릅니다. 새로운 물건을 보면 우리는 늘 질문합니다. '이거 이름이 뭐야?', '이거 어떻게 쓰는 거야?' 얼른 사용법을 익혀 써 보고 싶어지죠. 새로운 것을 접했을 때, 우리는 사용법을 익히면서 생각하는 힘을 키우고 상상력을 넓힐 수 있습니다.

어휘력이 떨어지면 생각하는 연료가 부족해집니다. 새로운 것을 봐도 기존의 어휘가 부족해 이해하기 힘들어합니다. 자신이 보고 배우고 느낀 점을 풍부한 언어로 표현하기도 어렵습니다. 아는 것을 표현할 수 있는 매개체의 양이 현저히 부족하기 때문입니다.

풍부한 어휘는 문해력의 밑바탕입니다. 아이의 친구 중 유독 어려운 단어를 쓰거나 소위 애늙은이처럼 이야기하는 아이들이 있지 않나요? 모두가 알다시피 그 아이들은 부모와 많은 이야기를 나누고 책도 많이 읽습니다. 그렇다면 어떻게든 책을 많이 읽히면 될까요? 그게 말처럼 쉽지 않습니다. 오히려 갈등이 생기거나 책과 더 멀어지기도 하죠. 아이가 책 읽기에 흥미를 갖지 못하는 이유는 많습니다. 모르는 단어가 많아서, 책이 재미없어서, 게임이 더 좋아서, 숙제할 시간이 부족해서, 졸려서 등 셀 수가 없죠.

어떤 원인이든 결론은 어휘력입니다. 책이 재미없는 것은 이해가 안 되기 때문입니다. 모르는 단어들이 가득 쓰여 있는 책이 재미있을 리가 없습니다. 단어와 친해지고 단어의 다양한 쓰임새를 이해할 때 비로소 독서의 참맛을 알게 됩니다. 어휘력이 풍부한 아이는 책 읽는 재미를 알며, 책 읽기에 푹 빠져들 확률이 높습니다.

초등학생 때는 게임보다 책 읽기

게임을 좋아하는 아이들은 대부분 독서를 좋아하지 않습니다. 게임은 어휘 사용이 제한적이고 뇌의 일부분만 활용하기 때문에 두뇌 발달에도 도움이 되지 않습니다. 오랜 시간 게임을 했을 경우 파충류의 뇌처럼 변해 간다는 연구결과도 있습니다. 이성적인 사고를 주관하는 전두엽이 발달하지 않아 공격적이고 본능적인 사고를 할 수 있습니다. 게임 속에 나오는 문장마저 읽지 않고 넘기는 아이들도 많습니다. 글을 읽지 않아도 게임을 진행하는 데 큰 어려움이 없기 때문이죠.

어휘력의 결정적 시기인 초등학생 때에 게임을 많이 하면 결국 어휘력 부족으로 이어집니다. 책의 내용을 이해하는 데 어려움을 겪게 되죠. 게임의 즉각적이고 단순한 반복은 아이의 두뇌 사용량을 점차 감소시킵니다. 실제로 게임을 많이 하는 아이들은 단조롭고 공격적인 어휘를 주로 사용합니다. 아이가 '좋아', '싫어', '응'과 같은 말을 많이 사용하진 않나요? 아이의 생각을 물어보면 대개 '몰라'라고 대답하진 않나요? 초등학생 시기는 게임보다는 책 읽기가 더 중요하며, 게임하는 시간은 부모가 통제할 필요가 있습니다.

또한, 아이들이 문제를 풀거나 숙제를 할 때 오랜 시간 끙끙대지는 않나요? 문해력이 부족한 아이들은 문제를 읽는 데도 어려움을 겪고, 기존에 아는 내용을 다양한 어휘를 통해 추려내지 못합니다.

숙제할 시간이 부족한 것도 어휘가 부족해 시간이 오래 걸리기 때문입니다. 또 숙제만 하면 금방 졸린 것 역시 평소 잘 사용하지 않는 뇌부분을 많이 쓰기에 피로감을 더 쉽게 느끼기 때문입니다. 문해력을 기르기 위해 풍부한 어휘력이 필수인 이유입니다.

아이들은 과녁을 향해 날아가는 화살처럼,
목표가 있는 과녁 독서가 필요합니다.
목표는 동기를 부여하고 성취 욕구를 불러일으킵니다.

2장

문해력을 키우는 1단계

풍성한 어휘를

익혀라

문해력의 바탕은
어휘다

영어를 배우는 원리와 비슷한 어휘 공부법

영어를 배울 때를 생각해 보세요. 단어를 모르면 문장이 이해되지 않고, 문법을 알더라도 어휘를 모르면 문장 전체의 내용을 파악할 수 없습니다.

문장은 단어들이 모여 구성됩니다. 그렇기 때문에 당연히 단어를 모르면 문장을 이해할 수 없습니다. 간혹 문장 습득력만 뛰어난 아이들이 있습니다. 문장 이해력도 높고, 머릿속에 재빠르게 정보를 입력합니다. 하지만 이 아이들도 어휘를 모르면 문장 자체를 이해할 수 없습니다. 5개의 단어가 포함된 문장이라면, 최소한 2~3개 단어의 뜻은 알아야 하기 때문이죠. 어휘와 문해력, 두 마리의 토끼를 모두 잡으려면 꾸준한 어휘 공부와 문해력 기르기 활동이 함께 필요합니다.

한 단어의 뜻은 보통 몇 가지일까요? 관심 있는 단어 몇 가지를 찾아보면 금방 알 수 있습니다. 우리가 흔히 사용하는 '마음'이라는 단어를 사전에서 찾아보면 뜻 3가지와 방언 2가지가 검색됩니다.

1. 사람이 본래부터 지닌 성격이나 품성.
2. 사람이 다른 사람이나 사물에 대하여 감정이나 의지, 생각 따위를 느끼거나 일으키는 작용이나 태도.
3. 사람의 생각, 감정, 기억 따위가 생기거나 자리 잡는 공간이나 위치.

일반적으로 한 단어는 이처럼 최소 3~4가지의 뜻이 있습니다. 한글은 모국어이기에 단어 뜻을 외우지 않고도 쉽게 활용할 수 있고, 특히 '마음'과 같은 일상적인 단어는 문맥으로도 충분히 유추할 수 있습니다. 3가지 뜻을 모두 쓸 수는 없어도 문장을 보고 이해하거나 글을 쓰기에 큰 어려움을 겪지는 않습니다.

하지만 일상적인 단어가 아닌 사용빈도가 낮고, 고급 어휘가 나올 때 어휘력이 부족하면 문장을 이해하기가 어렵습니다.

'이번 사건은 전자제품에 대한 불신을 초래했다.'

이 문장에서 '불신'과 '초래하다'라는 단어 뜻을 모른다면 해당 문장 속에 나오는 사건과 전자제품의 연관성을 파악하기 어렵습니다. 덩달아 뒤에 나오는 문장도 이해가 되지 않죠. 독해 자체가 불가능해집니다. 간혹 '불신'과 '초래하다'를 임의대로 해석해 정반대의 뜻으로 파악하기도 합니다.

아이들의 어휘력을 키우고 싶다면 해당 어휘가 포함된 문장을 통으로 외우는 방법이 좋습니다. 어휘는 쓰임에 따라 뜻이 달라지기 때문입니다. 비슷한 문장에서 어휘는 일반적으로 같은 뜻으로 쓰입니다. 따라서 모르는 문장은 읽기와 외우기를 반복적으로 하며 습관화해 보세요. 노트에 하루 한 줄씩 써 보는 활동도 도움이 됩니다. 한 가지 더 해 본다면, 국어사전과 친해지는 활동을 하는 것입니다. 국어사전을 집어 들고 여러 가지 뜻을 직접 찾아보며 예문을 읽어 보세요. 그리고 새롭게 알게 된 단어는 따로 정리하면 좋습니다. 다시 한 번 강조하자면, 단어는 뜻만 쓰기보다는 문장을 함께 써야 기억에 오래 남습니다. 직접 말해 보면 기억에 2배 오래 남습니다. 공부한 내용을 친구나 가족에게 설명하면 5배 정도는 더 기억에 오래 남습니다.

교과서로 아이의 어휘 수준 파악하기

집에서는 위와 같은 방법으로 공부하면 좋습니다. 하지만 학교에서는 수업시간마다 국어사전을 찾아볼 수는 없습니다. 따라서 아이들에게 모르는 단어를 추측하는 법을 익히게 해야 합니다. 보통 모르는 단어가 나오더라도 문맥을 통해 이해할 수 있는 경우가 많습니다. 특히 모르는 단어가 포함된 문장의 앞뒤 문장을 유심히 살펴보면 대부분 유추가 가능합니다. 하나의 글에서 어휘의 반복 사용을 지양하기 때문에, 비슷한 뜻을 가진 어휘나 반대 어휘가 있을 가능성이 큽니다. 평소에 모르는 단어가 있을 때 유의어와 반대어, 해당 단어를 설명하는 부분을 찾아보는 연습을 해 보세요.

> 미희의 씩씩하고 당찬 모습은 주변의 환심을 산다. 학교 친구들은 미희의 그런 모습에 호감을 느꼈다. 나도 그런 미희에게 마음이 끌렸다. 반대로 몇몇 친구는 인기 많은 미희에게 불쾌감이나 악감을 드러내기도 했다.

예를 들어, 위의 내용에서 내가 모르는 단어가 '호감을 느끼다'라는 문장에 있는 '호감'일 때, 유의어에는 초록색, 반대어에는 노란색, 단어를 설명하는 부분에는 주황색 형광펜을 칠해 보는 것입니다. 호감의 유의어인 '환심'에는 초록색, 반대어인 '불쾌'나 '악감'에는 노란색, '호감을 느끼다'의 뒤에 오는 문장에 포함된 '나는 그런 미희에게 마음이 끌렸다'에는 주황색을 칠해 보세요. 어휘는 다양한 문장을 통해 이해하면 기억에 오래 남습니다.

그렇다면 어휘를 어느 정도까지 아는 것이 좋을까요? 시중에 읽기 능력 테스트도 많이 나와 있고, 인터넷 검색을 통해서도 간단한 검사를 할 수 있습니다. 집에서 할 수 있는 테스트로는 1~2학년은 국어, 통합(봄, 여름, 가을, 겨울)교과서를, 3~6학년은 국어, 사회, 과학 교과서를 쭉 읽어 보는 것입니다. 모르는 단어로 읽기가 끊어지지 않는다면 아이의 어휘력은 최소 평균 이상입니다. 특히 사회, 과학 교과에서 아이들이 모르는 어휘가 많이 나옵니다. 하지만 수업시간에 열심히 듣고 공부했다면 모두 알 수 있는 단어죠. 아이의 수업시간 참여도를 간접적으로 알 수 있는 방법이기도 합니다. 교과서에 빈칸은 없는지 확인 문제는 몇 개나 맞았는지 슬쩍 확인해 볼 수도 있습니다.

우리 아이 어휘를 한번 점검해 보세요. 모르는 단어에 표시해 가며 몇 개인지 확인해 보세요. 아이가 매일 학교에서 배우는 교과서를 읽고 이해하지 못한다면, 아이의 학교생활은 어떨까요? 하루 최소 4시간에서 6시간을 할애하는 학교 수업시간이 그렇게 즐겁지는 않을 것입니다.

'과녁독서'로
어휘 공부하기

어휘 공부는 독서에서 시작된다

올바른 어휘 공부는 올바른 독서에서 시작됩니다. 시중에는 정말 좋은 책들이 많습니다. 하루에도 수백 권씩 발간되는 신간을 모두 읽으려면 24시간이 모자랄 정도입니다. 검색과 지인들의 추천을 통해 알게 된 책, 베스트셀러, 이달의 책, 인기 있는 책을 보통 읽습니다. 아이가 좋아하는 책, 도서관에서 고른 책도 함께 읽죠.

도서관이나 서점에서 책을 고르는 방법은 보통 아이가 좋아하는 책 1권, 부모의 추천도서 1권, 권장도서 1권이 적당합니다. 한 분야의 책만 고집하는 아이들에게 다양한 책을 읽도록 유도하는 이유는 시야를 넓힐 수 있기 때문입니다. 그렇다고 독서 편식이 결코 나쁜 책 읽기 방법은 아닙니다. 최소한 책을 읽지 않는 아이보다는 훌륭하게 책을 읽고 있는 셈이지요. 하지만 독서 편식은 관심 있는 분야의 책이 한정적이라는 것과 다른 분야로 관심을 넓히지 못하면 책에 대한 흥미가 급격하게 떨어질 수 있다는 단점이 있습니다. 따라서 부모의 추천도서를 포함해 3권을 골라 골고루 책을 읽혀 보세요.

최근 초등독서의 트렌드는 '많이 읽기'입니다. 실제로 아이들은 책을 많이 읽습니다. 하지만 단순히 많이 읽기만 하는 것은 목표 없는 활쏘기와 같습니다. 먼 산을 보며 활시위를 있는 힘껏 당긴 후 놓습니다. 화살은 열심히 허공을 가르다 풀썩 떨어지고 맙니다. 이처럼 목표 없이 발사된 화살은 허공을 날아다니다 땅으로 추락하고 맙니다. 정해진 과녁에 화살을 쏘지 않았기 때문이죠. 공부의 목표는 무엇일까요? 배운 내용을 외우고 발전시켜 문제를 푸는 데 활용하거나 지식을 늘려 똑똑해지고자 하는 등 각자가 생각하는 목표가 있습니다. 마찬가지로 독서의 목표는 책을 많이 읽음으로써 어휘력과 문해력이 자연스럽게 길러지고, 궁극적으로 생각하는 힘을 기르는 것입니다.

목표 없는 독서는 아이의 생각이 확장되는 것을 저해할 수도 있습니다. 책을 열심히 읽었지만 기억하지 못하는 아이, 책 내용을 줄줄이 꿰어 이야기하지만 실제로는 읽지 않은 아이, 그림만 보는 아이, 읽는 척만 하는 아이 등 목표 없는 독서로 의도치 않게 책과 거리 두기를 하는 아이들이 있습니다.

목표가 있는 책 읽기

아이에게 책을 읽는 목표와 방법을 구체적으로 알려 주세요. 무작정 책 읽기는 문해력을 길러 주지 못합니다. 글자는 읽지만 문장에 담긴 속뜻을 이해하려는 노력은 하지 않습니다. 글자 자체의 뜻만 알고 넘어가는 것입니다. 책을 읽고 고민해 보지 않으니 머릿속에 남지 않습니다. 이는 성인이 알아보지 못하는 아랍어 책을 읽는 것과 큰 차이가 없습니다. 열심히 아랍어를 공부해 아랍어로 된 동화책을 읽었지만 해석에 급급하다 보니 의미 파악은 제대로 되지 않는 경우와 같습니다.

책을 읽는 궁극적인 이유를 생각해 보세요. 그저 우리 아이가 책을 좋아하고 사랑해서라면 목표 없는 독서라도 훌륭합니다. 그와 더불어 문해력을 키워 학습 능력과 문제해결력, 응용력 등이 길러졌으면 하는 바람도 있을 것입니다. 그런 측면에서 본다면 현재의 독서법이 얼마나 큰 도움이 될 수 있을까요?

아이들은 과녁을 향해 날아가는 화살처럼, 목표가 있는 과녁 독서가 필요합니다. 목표는 동기를 부여하고 성취 욕구를 불러일으킵니다.

그렇다면, 아이들에게 어떻게 목표가 있는 독서를 하게 할 수 있을까요? 물론 1학년은 목표가 있는 독서를 하도록 하는 것보다는 책 자체를 좋아하게 만들어야 합니다. 2학년까지도 비슷합니다. 하지만 학년이 올라갈수록 아이가 책을 읽고 다양한 독후활동을 하는 것이 중요합니다. 그렇지 않으면 책에 대한 흥미도 곧 사라집니다.

"하루에 책 3권씩 읽으면 게임 시켜줄게."라는 말로는 오래 지속되는 독서 습관을 만들어 주기 어렵습니다. 아이들이 알아서 책 읽는 기쁨을 느끼기는 어려운 환경입니다. 주변에는 재미있는 놀 거리가 많으니까요.

만일 독서의 목표를 책에 대한 '흥미'로 둔다면, 책을 읽을 때 다음과 같이 아이에게 미션 한 가지씩을 정해 주세요.

- 저학년: 글쓴이의 행동 중 가장 기억에 남는 일 써 보기, 등장인물 이름 외워 보기, 가장 많이 나오는 단어 찾아보기, 기억에 남는 장면 그리기, 역할극 하기 등
- 고학년: 책의 내용을 한 문장으로 요약하기, 등장인물에게 배울 점 쓰기, 순서대로 사건 배열하기, 책 소개 포스터 만들기, 책에서 마음에 드는 문장 3개 뽑아 쓰기 등

저학년은 책을 소리 내어 읽기를, 고학년은 자세히 반복해서 읽기를 충분히 연습하게 해 보세요. 처음 읽을 때 연필로 줄을 긋고, 두 번째 읽을 때 동그라미, 세 번째 읽을 때 형광펜으로 색칠해 보세요. 글 전체의 내용 파악과 주제를 찾는 데 도움이 됩니다. 특히 고학년으로 갈수록 문장이 길어집니다. 의미군 별로 끊어서 슬래시(/)로 표시해 보는, 영어 공부할 때 사용하는 방법으로 긴 문장에 대처해 보세요.

'산 할아버지 / 구름모자 썼네. 나비같이 / 훨훨 날아서.'

긴 문장을 짧게 끊어서 이해하기 때문에 기억에 오래 남습니다.

과녁독서 실천 방법

이제 본격적으로 과녁독서의 실천방법 6가지를 소개합니다. 천릿길도 한 걸음부터입니다. 한 번에 하나씩 실천해 보세요. 한 과제가 완수되면 2개, 3개의 과제를 한 번에 실시해 보세요. 과녁독서에 익숙해진 아이의 어휘와 문해력에는 분명 변화가 생길 것입니다.

① 반복되는 단어 찾기

'중요한 문장 찾기'는 국어 교과서에 매 학년 등장하는 단골 학습 목표입니다. 가장 기본이며 중요합니다. 중요한 문장은 반복되는 단어 찾기로 알 수 있습니다. 반복되는 단어를 찾아 손가락으로 세어 보고 연필이나 포스트잇으로 표시하게 해 보세요. 반복되는 단어는 주요인물, 주요사건 등입니다. 반복되는 문장을 찾는 연습을 통해 무심코 읽고 지나칠 수 있는 책 내용의 기본 틀을 잡을 수 있습니다. 등장인물, 주요사건, 핵심소재 등이 머릿속에 입력되고 표시된 단어들을 확인하며 책 한 권의 내용이 정리됩니다. 중요한 문장 찾기에 어려움을 보인다면 책을 2~3번씩 다시 읽고, 되돌아가서 또 읽게 해 보세요. 책을 읽고 내용을 이해하지 못하거나 기억하지 못하는 아이들에게 더욱 필요한 방법입니다.

② 중요 단어 노트에 정리하기

반복되는 단어 찾기에 익숙해진 아이들은 책에서 찾아낸 중요 단어들을 공책에 따로 정리하는 연습도 함께 해 보면 좋습니다. 중요 단어들을 보며 내용을 다시 떠올릴 수 있고, 줄거리를 만들어 내는 활동은 기억력 향상에도 큰 도움이 되죠. 단어를 다 찾은 뒤, 이번에는 중요한 문장을 이야기해 봅니다. 왜 중요한 문장이었는지, 어떤 일들이 있었는지를 함께 이야기해 보세요. 단어와 문장을 찾아내고 써 보는 연습을 통해 공책 정리법도 함께 익힐 수 있습니다. 이 활동이 익숙해지면 책에 나오는 단어 중 같은 뜻을 지닌 단어들을 찾아보는 활동으로 확장해 볼 수 있습니다.

내가 찾은 반복되는 단어		
①	②	③
④	⑤	⑥
내가 찾은 중요한 문장		
①		
②		
왜 중요한가요?		

③ 육하원칙으로 책 읽기

글을 잘 쓰는 사람과 그렇지 않은 사람의 기본적인 차이는 어휘력입니다. 그렇다면 만약 어휘력이 비슷할 경우, 글을 잘 쓰는 능력은 어디서 차이가 날까요? 바로 '육하원칙'입니다. 육하원칙은 '누가, 언제, 어디서, 무엇을, 어떻게, 왜'의 여섯 가지를 말합니다. 잘쓴 글을 분석해 보면 바로 이 육하원칙에 충실하게 작성된 문장이 많습니다. 물론, 필요에 따라 '왜, 어떻게, 무엇을' 등이 생략되기도 합니다.

기본적으로 육하원칙에 따라 쓴 문장들은 글을 읽는 이가 문맥을 이해하는 데 도움을 줍니다. 육하원칙을 무시한 글은 읽기에도 어렵고 이해가 잘 되지 않습니다. 특히, 글을 논리적으로 파악하는 데는 육하원칙만 한 것이 없습니다.

다음의 육하원칙 표의 빈칸을 채우며 책을 읽어 보세요.

누가		언제	
어디서		무엇을	
어떻게		왜	

④ 숨겨진 의미 추측하기

아이들이 읽는 모든 책에는 숨겨진 의미가 있습니다. 우리가 아이들에게 하는 말과, 아이들이 부모에게 하는 말 속에도 숨겨진 의미가 있는 것처럼 말이죠. 아이에게 "책 읽어 볼까?"라고 건네는 말 속에는 아이가 책을 그동안 잘 읽지 않았거나 스스로 읽을 시간이 지났다는 뜻이 포함되어 있습니다. 아이의 "네, 알았어요."라는 대답에는 책 읽기가 싫거나 TV를 더 보고 싶다는 뜻이 포함되어 있을 수도 있습니다. 이외에도 우리는 대화 속에서 무수히 많은 숨겨진 의미를 추측할 수 있습니다. 직장 동료, 부부 사이, 친구와의 관계에서도 모든 내용을 직설적으로 표현할 순 없죠. 하지만 우리는 언어적인 표현(말)과 비언어적인 표현(제스처, 표정)으로 상대방의 생각을 짐작할 수 있습니다. 바로 상대방의 말과 행동, 느낌을 통해서입니다.

책에서는 실제로 대화하는 것처럼 느낌을 알 수는 없지만, 인물의 말과 행동을 통해 추측할 수 있는 단서가 많습니다. 글의 배경에 넌지시 들어 있거나 색감으로 표현하기도 하죠. 우리는 이 단서를 가지고 의미를 파악해 보는 연습을 할 수 있습니다.

책에 나온 인물들이 싸우고 있습니다. 한 명이 이렇게 이야기합니다.

"넌 왜 자꾸 나를 화나게 하는 거야?"

이 한마디에는 그동안 둘 사이에 있던 일, 현재 사건, 감정이 복합적으로 드러납니다.

"기억 안 나? 네가 먼저 그랬잖아."

이 말 속에는 친구의 마음에 쌓인 감정이 드러나죠.

책에서 이렇게 인물의 말과 행동을 2~3가지 뽑아 보세요. 그리고 그 말과 행동의 원인을 생각해 보세요. 일반적으로 문장의 앞쪽에 원인이 나오기 마련입니다. 앞으로 한 쪽씩 넘겨 가며 그림에 나온 인물의 표정이나 상황, 글 속에 나온 다양한 사건과 대화를 유심히 살펴보세요. 찾아낸 내용을 쓰거나 말하면 기억에 오래 남습니다.

다독에 익숙해진 아이들은 인물의 말과 행동을 가볍게 읽고 넘기는 경우가 많습니다. 이는 무수히 많은 동화책에 꽤나 비슷한 인물과 성격, 배경과 사건이 등장하기 때문이기도 합니다. 책을 많이 읽은 아이들은 비슷한 내용을 자세히 읽지 않고 훑어 읽는 경향을 보이기도 합니다. 글보다는 그림에 더 집중하기도 하죠. 익숙해지면 책 한 권을 10분 안에 다 읽기도 합니다. 정말 빠른 아이들은 2~3분만에도 책을 읽습니다. 특히 줄거리를 물어봐도 아이들이 대답을 곧잘 합니다. 이때 아이들의 답변을 유심히 들어보세요. 줄거리는 주인공 이름만 알아도, 그림과 마지막 페이지만 봐도 쉽게 대답할 수 있습니다.

다독이 좋다고 하지만 이해나 생각 없이 읽는 것은 지양해야 합니다. 의무적으로 물어보는 책의 내용보다는 문장의 뜻을 생각하며 집중해서 읽는 훈련이 꼭 필요합니다. 다음 표를 함께 작성해 가며 읽으면 좋습니다.

내가 고른 문장	
어떤 뜻이 숨겨져 있나요?	
무엇을 보고 알았나요?	

⑤ 옳고 그름 판단하기

아이들이 읽는 동화나 소설책에는 주인공의 역경, 판단, 행동, 주변의 도움, 위기, 해결 등 다양한 상황이 나옵니다. 주인공이 올바른 선택으로 행복한 결과를 얻을 수도 있고 잘못된 선택으로 불행한 결과를 만날 수도 있죠. 잘못된 꾐에 넘어가거나 무리한 행동을 할 수도 있습니다. 대체로 주인공이 잘못을 저지르고 깨달음을 얻거나 개과천선하는 내용이 많습니다.

실제로 책이 재미있게 구성되려면 주인공에게 시련과 역경은 필수적인 요소입니다. 길에서 주운 물건을 마음대로 사용하거나 물건을 훔치는 내용, 친구를 때리는 내용 등 다양합니다. 이때, 주인공이 큰 잘못을 하고서 용서받는 모습을 보고 '저런 행동을 해도 괜찮구나.'라고 잘못된 생각을 하는 아이들이 있습니다. 책에서 전달하고자 하는 바는 '잘못된 행동을 하면 안 된다'는 내용인데, '잘못을 해도 용서받는구나.'라고 받아들이는 것이죠.

아이들은 책을 읽은 후 가치 판단할 기회가 필요합니다. 책을 읽고 책에 나온 사건에 대한 자신의 생각을 표현할 기회를 주세요. 특히 주인공의 잘못된 행동이 나온 부분은 꼭 물어봐 주어야 합니다. 옳고 그름을 판단하는 연습을 통해 생각하는 힘을 기를 수 있고, 올바른 가치관과 도덕성이 자리 잡은 후에는 스스로 생각하며 책을 읽을 수 있습니다.

또한, 단순히 읽는 것에서 벗어나 책을 분석하고 평가하며 읽기 시작합니다. 주인공의 행동이 옳은지 그른지, 나라면 어떨지 등을 생각하며 읽는 것이죠. 판단하기 모호한 사건들도 많습니다. 그럴 때는 생각이나 감정과 관련된 단어로 표현해 보는 것도 좋습니다. '불쾌하다, 모호하다, 오락가락하다, 어렵다, 당황스럽다' 등으로 표현하면 조금 더 깊은 사고를 유도할 수 있습니다.

책에서 찾은 주인공의 말과 행동	
①	
②	
올바른 행동인가요?	
왜 그렇게 생각하나요?	
내 판단은! (생각, 감정 관련 단어로 표현)	

⑥ 나와 관련 짓기

'나와 관련 짓기'는 과녁독서의 핵심입니다. 세상을 살아가는 데 '나'라는 존재는 언제나 모든 일의 중심입니다. 내가 무엇을 하고, 무엇을 먹고, 어떤 생각을 하는지가 중요합니다. 아무리 좋은 게임과 값비싼 옷도 나와 관련이 없다면 큰 흥미가 생기지 않습니다.

아이들은 특히 자기중심적 사고가 강하죠. 게임하고 노는 건 '내가' 재미있으니 좋고, 공부는 '내가' 재미없으니 싫은 겁니다. '내가' 하고 싶으면 하고, '내가' 하기 싫으면 안 하고 싶은 거죠. 아이들에게 책을 '나'와 연결시켜 보게 하세요. 책은 읽고 끝나는 것이 아니라 나와 관련되어 있다는 인식을 심어 주는 것입니다.

내가 책 속의 주인공이 될 수도 있고, 책과 관련해 활동할 수도 있고, 책의 도움을 받을 수도 있다는 사실을 알게 해 주세요. 『수박수영장』을 읽고 수박을 맛있게 먹을 수도 있고, 『안읽어 씨 가족과 책 요리점』을 읽고 책 모양의 음식을 만들어 볼 수도 있습니다. 생활과 연관 지어 다양한 활동을 해 보세요.

또 '만약 나라면?' 활동을 해 보는 것도 좋습니다. 책 속에서 기억에 남는 내용을 쓰고 아이가 주인공이 되어 감정을 이입하고, 상상해 보는 연습을 하는 것입니다. '내가 주인공이라면'이라고 생각하면 책에 조금 더 집중되지 않을까요? 나아가 단어와 단어, 책과 책을 관련지을 수도 있습니다. 책을 읽고 "주인공이 친구에게 나쁜 말을 했어."처럼 있는 그대로 말하는 아이에서 "나라면 저런 말을 안 했을 것 같아."라는 말을 하는 아이로 변해 가는 모습을 볼 수 있습니다.

만약 나라면?	
기억에 남는 내용	
내가 주인공이라면?	
나의 앞으로의 다짐	

중요한 어휘와 관용 표현

관용적 표현이 사고력을 키운다

'두렵다.'

'등골이 서늘하다.'

두 표현 중에서 어떤 것이 더 호소력이 있을까요?

'두려움으로 아찔하고 등골이 떨리다'라는 뜻의 '등골이 서늘하다'가 더 와 닿습니다. 관용 표현은 짧지만 전달력이 뛰어납니다. 관용 표현을 들으면 '어떤 상황이기에 관용적 표현을 썼을까?', '어떤 뜻이 내포되어 있을까?'와 같은 궁금증이 생기고 한 번 더 생각하게 됩니다. 관용 표현의 뜻을 모르면 검색이나 주변에 물어보는 과정이 필요하죠. 호기심이 생겨납니다.

우리가 일상에서 주고받는 문장들은 의사소통하기에 좋습니다. 정확한 의미전달과 빠른 이해는 현대 사회에 적합한 의사소통입니다. 하지만 빠른 의사소통에 익숙해진 아이들은 깊이 생각하지 않으려고 합니다. 점점 간편해지는 시대에 사용하는 관용적 표현은 생각의 깊이를 만들어 줍니다.

다양한 어휘와 관용어는 아이에게 비유를 통해 상황을 빗대어 표현하는 능력을 길러 줍니다. 주어진 상황을 그대로 받아들이기보다 한 번 더 생각하게 합니다. 이른바 비판적 사고력이란, 정보를 비판적으로 분석하고 취사선택하는 능력입니다. 정보가 범람하는 현대 사회에선 살아가는 데 꼭 필요한 능력이라고 할 수 있죠. 같은 내용을 말과 글로 표현할 때 관용적 표현은 이해하기 쉽고 더 와 닿습니다. 글을 쓸 때도 한 번 더 고민해서 쓰게 하죠. 교육과정에도 한자와 속담이 따로 단원으로 편성되어 있는 이유입니다. 초등학교 교과서에는 학년 수준에 맞는 다양한 어휘, 한자성어, 속담, 관용어가 많이 나옵니다. 관용적 표현은 어떻게 공부해야 할까요?

전래동화로 관용적 표현 배우기

우선 전래동화를 통해 접근해 보세요. 전래동화에는 다른 책들에 비해 '정신을 차리다', '손이 발이 되도록 빌다' 등 일상생활에서 흔히 쓰이는 관용적 표현이 많이 나옵니다. 어휘 수준도 아이부터 어른까지 이해할 수 있고, 아이들이 잘 모르는 수준의 어휘가 적당히 나옵니다.

일주일에 1~2권씩 전래동화를 읽으면서 모르는 단어를 공부하다

보면 어휘력도 금방 늘어날 수 있습니다. 아이가 고학년인데 전래동화를 읽어야 할지 물어보는 부모님들도 있습니다. 전래동화는 중학생이 읽어도 어휘력 향상에 도움이 됩니다. 전래동화는 저작권이 없습니다. 출판사에 따라 마음대로 각색해서 책을 만들어도 된다는 뜻이죠. 출판사마다 저학년 수준에서 고학년 수준까지 다양한 내용과 그림으로 책을 만듭니다. 대부분 초등학생용은 따로 각색해 출판합니다. 내용을 먼저 읽어 보고 학년이 올라감에 따라 점차 글밥이 많은 책으로 넘어가 주세요. 고학년은 일반 전래동화를 읽어도 큰 무리가 없습니다.

전래동화를 꾸준히 읽는 습관이 형성되었다면 다른 책에 도전해 볼 수 있습니다. 서점에 가서 아이와 함께 살펴보고 흥미 있어 하는 책을 직접 읽어 보고 고르면 좋습니다. 책 전체가 그림으로 구성된 책, 그림과 글로 구성된 책, 글 위주의 책으로 나뉩니다. 처음에는 그림이 많은 책에서 시작해 점차 글 위주의 책으로 넘어갈 수 있습니다. 방문이 어렵다면, 도서 사이트에서 '사자성어'와 '속담'을 검색한 후 검색된 수많은 도서를 찾아보는 것도 좋습니다. '미리보기' 기능을 이용해 목차와 책의 앞부분을 살펴볼 수도 있습니다.

신문 기사로 관용적 표현 배우기

또한 신문을 통해 중요한 어휘와 관용 표현을 자연스럽게 익힐 수 있습니다. 아이들이 ○○일보, ○○신문과 같은 어른이 읽는 신문을 읽어도 좋지만, 일반 신문은 아이들의 흥미를 끌 만한 내용이 많이 없습니다. 또 하나의 신문만 읽는다면 아이의 시야를 더 좁게 만들 수도 있습니다. 신문사별로 강조하는 분야와 생각이 다르므로 다양한 신문을 접해 보게 하는 것이 중요합니다. '초등 신문'으로 검색해 보면 신문사별로 어린이 신문 사이트를 별도 개설해 운영하는 것을 확인할 수 있습니다. 일반 신문과 다르게 아이들 눈높이에 맞춘 NIE, 교과별 코너, 만화, 퍼즐, 놀이터 등이 다채롭게 구성되어 있습니다. 종이로 구독하면 매일 신문을 받아 볼 수도 있습니다. 아이가 싫어하거나 읽지 않을 수 있어 처음부터 구독을 신청하기에 부담스럽다면, 학교 도서관이나 지역에 있는 도서관에 가 보는 것도 좋습니다. 아이는 한쪽에 마련된 어린이 신문을 읽고 부모는 일반 신문을 함께 읽으며 아이가 신문과 친해질 수 있도록 노력해 보세요.

아이에게만 신문을 읽어보라고 할 게 아니라 부모와 함께 읽는 시간을 가지면 효과적입니다.

일반적으로 아이들이 가장 좋아하는 책을 순서대로 나열해 보면 만화책, 학습만화, 그림동화책, 글밥책 순입니다. 신문은 어디쯤 위치할까요? 네, 글밥책 뒤에 위치합니다. 어린이 신문은 아이들 눈높이에 맞추어 최대한 친근한 말투와 쉬운 어휘로 풀어내려고 애씁니다. 그럼에도 신문의 어조 자체가 정보전달에 치중하다 보니 아이들은 무척 낯설어합니다. 신문과 친해지게 하려면 부모와 함께 3단계 읽기를 실천해 보세요.

1단계: 어린이 신문을 같이 읽으며 NIE 활동하기

어린이 신문은 종이로도 구독할 수 있지만 인터넷으로 접속해서 함께 보거나 출력해서 볼 수도 있습니다. 부모와 아이가 같이 세 번씩 읽어 보세요. 첫 번째로 읽을 땐 재미있는 부분에 연필로 표시해 보고, 모르는 어휘에는 동그라미를 칩니다. 다시 읽어 보며 아직 이해가 안 되는 부분에 색을 칠해 보고, 세 번째 읽을 때도 어려운 문장이 있다면 별표를 그려 보세요.

반복해서 읽으면 문맥을 통해 어휘를 추론하는 능력이 자연스레 길러집니다. 만약 아이가 신문에 흥미가 없다면 신문지로 할 수 있는 활동으로 먼저 접근해 보는 것도 도움이 됩니다. 신문을 오려 종이접기를 하거나 딱지를 접어 보세요. 신문을 높이 쌓아 보기도 하고, 신문에서 만화나 그림 부분만 찾아보는 것도 신문과 친해지는 하나의 방법입니다.

신문 읽기에 어느 정도 익숙해지면 NIE 활동을 시작해 보세요. NIE는 신문 활용 교육으로, 'Newspaper In Education'의 약자입니다. 신문에 실린 기사, 사진, 만화, 광고 등을 활용해 다양한 활동을 할 수 있습니다. 기본적으로 NIE 활동은 신문에 있는 기사를 스크랩하고, 내용을 요약하고, 자신의 생각을 적어 보는 것입니다. 생각이나 느낀 점을 글, 그림, 사진 등으로 표현하는 것이죠. 그리고 신문을 직접 제작해 보는 것도 도움이 됩니다. 아이가 관심 있어 하는 주제를 정해 관련 기사를 찾아보고, 직접 만화를 그리거나 공부(스크

랩)한 내용을 써서 새로운 기사를 작성해 보는 방법입니다. 신문읽기 습관을 들이면 세상을 보는 눈이 넓어지는 동시에 어휘력도 놀랍게 커집니다. 신문은 여러 신문사의 신문을 보는 것이 생각의 폭을 넓히는 데 더 많은 도움이 됩니다.

2단계: 부모 신문, 아이 신문

1단계에 익숙해지면 부모와 아이가 서로 다른 신문을 읽는 단계로 나아갈 수 있습니다. 정해진 시간에 함께 앉아 신문을 읽어 보세요. 그리고 관심 있는 기사에 표시해 봅니다. 함께 신문 읽는 시간은 30분 내외가 적당합니다. 부모가 뽑은 기사와 아이가 뽑은 기사를 읽어 보며 토의나 토론을 해 보는 것도 좋습니다.

어린이 신문에는 날씨, 로봇, 의인, 여행, 역사, 과학, 교육 등 다양한 분야의 기사가 쓰여 있습니다. 만약, "3가구 중 1가구가 반려동물을 키운다."라는 기사를 읽었다면, 반려동물을 키울 때의 좋은 점과 힘든 점, 반려동물을 입양하기 전 고려해야 할 점 등에 관한 이야기를 나누어 볼 수 있습니다. 토의나 토론한 내용을 간단히 신문 한쪽에 적어 보는 것도 도움이 됩니다. 모든 기사를 다 읽는 것도 좋지만, 눈에 띄는 기사들을 먼저 읽고 나머지 기사는 가볍게 훑어보는 방식도 괜찮습니다.

3단계: 혼자 신문 읽기

1단계와 2단계에 모두 익숙해진 아이는 혼자서 신문을 읽을 준비가 되었습니다. 신문을 혼자 읽는 시간을 아이와 약속해 보세요. 약속한 시각에 신문을 읽을 때는 다른 활동을 하지 않고 신문에만 집중할 수 있는 환경을 만들어 주세요. 집중해서 신문을 읽고, 느낀 점을 간단히 한 줄 공책에 써 보는 활동을 해 볼 수도 있습니다.

한자어 공부하기

교과서 단어 50퍼센트 이상이 한자어

우리말의 70%는 한자어로 구성됩니다. 단어 10개 중 7개가 한자어라는 뜻이니, 한자어가 단어의 매우 많은 부분을 차지하고 있는 것입니다. 매년 달라지기는 하지만 국어 교과서에 쓰인 한글 중 50퍼센트 정도는 한자어입니다. 이렇게 우리 생활과 밀접한 관련이 있는 한자어는 어휘력을 기르는 데 큰 역할을 하죠.

빠르면 3학년부터 한자를 공부하기 시작합니다. 한자어를 많이 알고 있다면 모르는 어휘가 나올 때 좀 더 쉽게 접근할 수 있습니다. 모르는 단어를 한 글자씩 따로 떼어서 생각해 보면 유추할 수 있기 때문이죠. 책을 읽다가 '극복'이라는 단어가 나왔습니다. 만약 아이가 '克(이길 극)', '服(일 복)'이라는 한자를 알고 있다면 뜻을 조금 더 쉽게 추론할 수 있습니다. 실제로 한자를 쓸 줄 몰라도, 음과 뜻 정도만 알고 있다면 어휘력을 키우는 데 도움이 됩니다.

최근 초등학생들이 한자능력검정시험을 많이 보고 있습니다. 한자 급수를 따기 위해 매일 10~20개의 한자를 외웁니다. 신기하게도 시험을 보고 나면 금방 까먹고 상위 급수를 따기 위해 또다시 외웁니다. 열심히 공부하지만, 머릿속에 남아 있지 않습니다. 한자를 쓰는 법, 보고 읽는 법, 음과 뜻의 순서대로 기억이 점차 희미해집니다.

단계별 한자 공부법

한자를 공부할 때는 생성 원리에 따라 단계별로 학습해 보세요. 우선, 한글이 생겨난 원리부터 알면 접근이 쉽습니다. 한글은 발음기관과 하늘, 땅, 사람을 본떠서 고안된 문자입니다. 발음기관의 모양이 자음자가 되고 하늘·땅·사람(천지인)이 모음자가 되었죠. 문자가 하나의 자음 또는 모음의 음소音素를 나타내는 글자 체계입니다. 이와 더불어 한 칸에 초성, 중성, 종성을 한데 모아쓰는 음절音節문자의 특징도 보여줍니다. 음절문자에는 일본이 쓰는 가나가 있죠.

아이들에게 한글의 원리를 먼저 알려 주세요. 한글에는 자음자와 모음자가 있습니다. 자음자를 만든 원리는 두 가지가 있습니다. 발음기관의 모양을 본떠서 만든 '상형의 원리'와 '상형의 원리'에 획을 더해 만든 가획의 원리입니다.

ㄱ	ㄴ	ㅁ	ㅅ	ㅇ
혀가 목구멍을 막는 모양	혀끝이 윗몸에 붙는 모양	입의 모양	이의 모양	목구멍의 모양

'ㄱ, ㄴ' 두 글자는 발음할 때 혀의 모양을 본떴습니다. 'ㅁ, ㅅ, ㅇ'
은 발음기관 자체의 모양을 본떴습니다. 'ㅁ'은 입의 모양, 'ㅅ'은 이
의 모양, 'ㅇ'은 목구멍의 모양을 본떠 만든 거죠. 나머지 자음자는
'ㄱ, ㄴ, ㅁ, ㅅ, ㅇ'에 획을 추가해 만들었습니다. 'ㅋ, ㄷ, ㅌ, ㅂ, ㅍ,
ㅈ, ㅊ, ㅎ'은 모두 획이 추가되었습니다. 'ㄹ'은 획을 추가한 것이 아
닌 모양을 달리하여 만든 이체자입니다.

하늘	땅	사람
·	―	ㅣ

모음자를 만드는 두 가지 원리 중 첫 번째는 모양을 본뜬 상형 원
리입니다. 하늘(·), 땅(_), 사람(ㅣ)을 본떠서 만들었습니다. 그리고
두 번째는 하늘(·)과, 나머지 땅(_), 사람(ㅣ)을 합하여 만들었죠. 자
음자와 모음자를 하나씩 설명하기보다는 아이에게 자음자를 모두
써 놓은 후 혀의 모양, 발음기관의 모양, 획을 추가한 모양과 모양을
달리한 자음자가 1개 있다고 설명해 주세요. 'ㄱ'부터 직접 발음해
보며 하나씩 공부해 보세요. 모음자는 하늘과 땅, 사람의 모양을 직
접 표현해 보고 어떤 점이 비슷한지 찾아보세요. 몸으로 표현하거나

그림으로 그리면 학습 효과가 높아집니다.

한자는 총 6가지의 생성 원리가 있습니다. 자연의 모습을 본떠 만들어진 상형문자가 가장 대표적인 생성 원리입니다. 한자의 원리는 한글의 원리와는 다릅니다. 한자는 산의 모습을 본떠 '山'을 만들었습니다. 나무의 모습을 본떠 '木'을 만들었죠. 이처럼 가장 기초적인 수준의 글자들을 부수로 사용합니다.

글자의 생성 원리는 아이가 낯선 한자를 볼 때 친숙함을 느끼게 하는 데 도움을 줍니다. 한자를 분석해 보면 여러 한자를 합쳐서 새로운 의미를 지닌 글자를 만들어 내는 경우가 많습니다. 기본적인 한자의 원리를 아이들에게 설명한 뒤 한자, 한자어, 사자성어 등을 학습해 보세요. 한자의 생성 원리를 풀어낸 재미있는 책들도 시중에 많습니다. 적극적으로 활용해 한자를 가르쳐 보세요.

대체로 아이들은 한자 공부를 재미없어합니다. 실제 중국어를 배우는 것도 아니라 낱말만 계속 외우는 형태이기 때문이죠. 한글로 치면 바람, 사자 같은 단어를 매일매일 쓰며 외우는 셈입니다. 재미를 느끼기 어렵습니다. 한자도 문장과 쓰임으로 익히고 단기적인 목표를 향해 나아가면 쉽게 공부할 수 있습니다. 스토리로 기억하는 것도 도움이 되죠. 하지만 아이의 학습 부담을 늘린다면 신중히 판단해 주세요.

반복적으로 써서 외우기

한자를 외우려면 반복적인 쓰기가 필요합니다. 아이들은 재빨리 빈칸을 채우기 위해 한자의 획순과 글자 모양은 뒷전으로 둡니다. 얼른 한자를 다 쓰고 쉬고 싶은 마음이 가득하죠. 빈칸을 모두 채우는 과제를 주기보다는 한 글자라도 정성스럽게 쓸 수 있도록 해 주세요. 억지로 쓰게 하면 외워지지도 않고 아이의 스트레스만 늘어납니다. 아이가 잘 외워도 금방 까먹거나 전혀 외우지 못할 수도 있습니다.

매일 5개씩 외워서 시험을 보는 것도 효과적이지만, 그보다 재미있게 한자어를 공부할 수 있는 여러 방법을 활용해 보세요. 집 한쪽 벽면에 한자 기본부수 판을 붙이거나, 한자 카드 맞추기, 그림 그려 보고 한자 찾아보기 등 한자와 친해지는 놀이로 접근해 보는 것입니다.

쓰면서 외우는 한자 공부와 더불어 한자 학습만화, 한자 애니메이션 등도 도움이 됩니다. 한자 학습만화와 애니메이션으로 학습할 때는 꼭 부모의 점검이 필요합니다. 학습만화를 읽은 아이에게 배운 한자를 물어보면 대답하지 못하는 경우를 종종 봅니다. 그날 배운 한자와, 그 한자가 사용되는 상황을 꼭 함께 한자 노트에 써 보는 연습을 해 보세요. 한자의 생성 원리에 따라 구성된 한자 공부 책이 아이들의 학습에 도움이 됩니다.

실생활에서 배운 한자 활용하기

아이들은 실용적인 것을 좋아합니다. 자신에게 쓸모가 있어야 흥미를 보입니다. 한자를 열심히 외우지만 사용하지 않는다면 한자에 대한 흥미는 일주일도 유지되기 힘듭니다. 따라서 자기 이름을 한자로 써보기, 한자 카드 만들기, 집 안에 있는 물건들을 한자로 써서 포스트잇으로 붙여 놓기, 신문에서 한자 찾아보기, 책 읽으며 한자어 찾기 등 실생활에서 한자를 활용해 보는 것이 좋습니다.

적절한 보상을 제시하는 것도 필요합니다. '한자를 많이 외우면 놀이공원 가기'와 같은 제안을 합니다. 칭찬은 아끼지 마세요. 때로는 붓펜이나 서예 도구를 활용해 한자를 써 보는 연습을 하는 것도 아이들에게 재미있는 학습 활동이 됩니다. 먹을 직접 갈아 보고 화선지에 배운 한자를 멋들어지게 써보는 것입니다. 붓으로 멋지게 쓴 이름을 집에 전시하면 뿌듯해하지 않을까요? '家和萬事成(가화만사성)'처럼 멋진 가훈을 직접 써서 전시하는 것도 좋은 경험이 될 수 있습니다.

올바른 어휘 공부는
'디지털 디톡스'에서 시작된다

어휘력에 방해되는 디지털 기기

올바른 어휘 공부에는 디지털 디톡스가 필수입니다. 디톡스는 체내에 축적된 독소를 뺀다는 개념입니다. 디지털과 너무 친해져 이미 익숙해진 아이들에게 디지털과 거리를 두기 위한 디톡스를 해보세요.

요즘 3학년 무렵이면 대개 스마트폰을 들고 다닙니다. 스마트폰으로 유튜브나 게임을 즐기는 아이들은 단순한 어휘 사용과 자극으로 인해 초등학교 1~2학년까지 열심히 키워 놓은 어휘력과 문해력이 정체되거나 퇴화하기도 합니다. 결국 스스로 생각하는 힘을 잃어 갑니다.

왜 그럴까요? 유튜브에는 자극적인 영상과 소리, 그리고 문장이 아닌 단어로 구성된 자막들이 나옵니다. TV도 마찬가지입니다. 은

어와 자극적인 행동, 자막이 있죠. 게임은 아이들의 집중력을 저해합니다. 짧은 글과 파편화된 지식에 익숙해집니다. 그러니 긴 글을 읽는 일이 점점 힘들어지는 것은 당연한 일입니다. 궁금한 모든 정보는 전자기기를 통해 얻을 수 있는데 굳이 공부를 해야 하나 싶기도 합니다. 유튜브는 내용을 쉽게 이해시키기 위해 주로 다양한 영상과 자극을 사용합니다. 문해력 없이도 이해를 쏙쏙 할 수 있고 독서나 공부보다 훨씬 재미있기도 합니다.

디지털과 절친을 맺은 아이들의 경우 공통적인 특징이 있습니다. 책 읽기와 글쓰기를 싫어하고 쉽게 짜증을 낸다는 것입니다. 게임과 스마트폰 집중력이 놀랍도록 늘어나고 스마트폰을 하는 도중에 말을 걸면 대답조차 잘 하지 않습니다. 공부하거나 책 읽을 때는 대답을 곧잘 하면서 말이죠. 그래서 공부도 하기 싫어하고, 숙제는 더더욱 안 하려고 듭니다. 공부와 담을 쌓은 아이의 전형적인 특징이 조금씩 드러납니다. 아이가 공부를 잘하기를 바라는 부모의 속은 타들어 가죠. 말을 걸어도 눈은 스마트폰만 보며 건성건성 대답하는 것 같습니다. 방에서 뭐하는지 확인할 때마다 스마트폰만 붙들고 있습니다. 혼내면 그제야 문제집을 꺼내놓습니다. 책 읽기, 공부할 때도 항상 스마트폰은 손에서 닿을 거리에 있습니다. 언제든 스마트폰을 부모 몰래 틈틈이 들여다 볼 준비가 되어있죠. 잠자기 위해 불을 끄면 반딧불이처럼 반짝이는 스마트폰 불빛은 덤입니다.

아이와 함께 사용시간 정하기

마이크로소프트 창업자 빌 게이츠는 자녀의 하루 컴퓨터 사용시간을 45분으로 제한했습니다. 그리고 스마트폰은 13세가 되어야 사용할 수 있게 허락했습니다. 중학교에 입학하는 나이입니다. 페이스북 창시자 마크 저커버그 또한 자신이 개발한 페이스북을 자녀가 중학교 1학년이 되기 전까지는 전혀 사용하지 못하게 할 거라고 합니다. 왜 그럴까요? 아이들의 발달에 좋지 않은 영향을 끼치는 걸 개발자들도 잘 알기 때문입니다.

우리나라 아이들은 1학년 때부터 종종 스마트폰을 씁니다. 3학년이 되면 교실에 절반이 넘는 아이가 스마트폰을 가지고 있습니다. 4학년이 되면 대부분 스마트폰을 가지고 있습니다. 친구들 다 있는 스마트폰을 우리 아이만 사 주지 않는 게 현실적으로 쉽지 않습니다. 안 사 줄 수도 없고, 그렇다고 마냥 스마트폰을 하고 싶은 만큼 하게 놔둘 수도 없습니다. 이때 올바른 사용법을 가르치는 것이 중요합니다.

시대가 많이 변했습니다. 무조건 스마트폰 사용을 금지하는 건 아이와 갈등이 생길 수 있습니다. 디지털 디톡스를 실천해 보세요. 아이들을 설득하기 위해서는 부모가 먼저 자제하는 모습을 보여주는 것이 중요합니다. 실천하기 쉽지 않은 방법입니다. 부모는 사용하는데 아이만 못 쓰게 하면 갈등만 생깁니다. 따라서 유튜브, TV, 게임 사용계획을 가족이 함께 정해 보세요. 스마트폰 사용시간을 별도의 표로 만들고, 보관함을 집 한편에 만드는 겁니다. 집에서만큼이라도 스마트폰과 멀어지는 연습을 통해 전자기기 중독을 예방할 수 있습니다.

가족이 함께 약속해서 TV, 게임, 스마트폰을 정해진 시간만 사용하기로 했다면, 남은 시간은 거실에 함께 모여 대화나 책 읽기를 해보세요. 아이들은 정말 심심하고 할 일이 없으면 주변 물건들을 살펴봅니다. 그리고 할 일을 찾아냅니다. 적어도 스마트폰을 들여다보는 것보다는 스스로 놀잇감을 찾아 노는 게 더 낫겠지요.

혹시 우리 아이도… 스마트폰 중독?

다음 표를 통해 우리 아이가 스마트폰 중독인지 아닌지 점검해 보세요.

순서	우리 아이 스마트폰 중독 테스트	O/X
1	집에 스마트폰을 두고 나오면 불안하다.	
2	하루에 3시간 이상 스마트폰을 사용한다.	
3	화장실에 스마트폰을 가지고 들어간다.	
4	눈을 감고 스마트폰에 원하는 내용을 쓸 수 있다.	
5	스마트폰이 내 보물 1호다.	
6	스마트폰으로 가장 많이 하는 일은 유튜브와 메신저 주고받기다.	
7	식사, 공부, 독서 중에도 스마트폰 알람이 울리면 바로 확인한다.	

8	아침에 눈을 뜨면 바로 스마트폰을 확인한다.	
9	누군가가 스마트폰을 못 쓰게 하면 화가 난다.	
10	자러 들어가서 몰래 스마트폰을 사용한 적이 있다.	

10개 중 8개 이상에 해당한다면 스마트폰 중독 고위험군입니다. 스마트폰 외에 아이가 좋아할 만한 취미를 만들어 주세요. 강제로 스마트폰을 사용하지 못하게 하면 역효과를 불러일으킬 수 있으니, 책 읽기, 운동 등과 스마트폰을 접목해 사용시간을 조절해 보세요. 스마트폰을 1시간 사용하면 다음에는 독서하기 30분, 줄넘기하기 10분을 지킨 후 스마트폰 30분 사용하기 등과 같은 규칙을 만들어 볼 수 있습니다.

스마트폰보다 더 좋아하는 활동을 찾기는 쉽지 않습니다. 독서, 운동, 악기, 미술, 자전거 타기, 축구 등 최대한 다양한 경험을 해 보며 그중 아이가 푹 빠질 만한 활동을 찾아보세요.

10개 중 4~7개가 해당한다면 스마트폰을 좋아하는 아이입니다. 가족회의를 통해 스마트폰 사용시간을 정하고 부모님과의 대화시간을 늘려 보세요. 함께 보내는 시간을 늘릴수록 스마트폰과 멀어질 수 있습니다. 10개 중 3개 미만에 해당한다면 스마트폰을 올바르게 사용하는 아이입니다.

어휘력을 기르는
5가지 습관

좋은 습관이 어휘력을 만든다

습관의 중요성을 다루는 책이 무수히 많은데, 그 책들이 공통으로 하는 말은 하나입니다. 원하는 결과를 얻으려면 작은 습관을 꾸준히 반복하라는 것입니다. 어휘력을 키우는 데도 올바른 습관은 중요합니다. 작은 습관은 큰 습관이 되고, 큰 습관은 일상이 되며 일상은 우리 아이에게 자연스럽게 스며듭니다. 아이가 습관을 통해 다양한 어휘에 호기심을 느끼며 자연스럽게 받아들이고 자신감을 느끼게 된다면 더할 나위 없이 좋지 않을까요?

어휘를 공부하는 방법은 다양합니다. 따로 학습할 수 있게 나와 있는 문제집도 있습니다. 출판사별로 다양한 어휘 시리즈가 나와 있죠. 어휘를 전문적으로 배우고 싶다면 어휘 문제집도 도움이 됩니다. 아이의 흥미와 수준에 맞는 문제집으로 골라 효과적으로 공부해 보세요. 단, 이 방법의 가장 큰 문제점은 아이가 어휘 공부에 질릴 수도 있다는 것입니다. 마치 6학년 아이가 중학 영문법만 계속 공부하다가 영어와 멀어질 수 있는 것처럼 말이죠. 어휘 공부는 국어 공부와 마찬가지로 책 읽기를 중심으로 하여 이뤄지는 것이 좋습니다.

그렇다면 어느 정도의 수준으로 아이에게 책 읽기와 어휘 공부를 시키면 좋을까요? 한 페이지에 모르는 단어가 3~4개 정도 나온다면 그 책은 아이에게 적합한 수준입니다. 하지만 모르는 단어가 5개 이상 나온다면 과감하게 다른 책으로 바꿔 주는 것이 좋습니다. 모르는 단어가 많으면 아이가 책을 읽고 이해하는 데 어려움을 느끼거나 흥미가 줄어들 수 있습니다. 처음에는 모르는 단어가 1~2개 정도 나오는 책으로 시작하여 점차 단계를 높여 볼 것을 권장합니다.

다음은 어휘력을 기르는 습관 5가지입니다. 함께 실천하며 아이와 어휘를 친구 맺어 주세요.

아이와 함께하는 어휘력 습관 5가지
① 말놀이하기(끝말잇기, 유의어와 반대어 찾기, 중심 단어 놀이)

어휘력을 기르는 데 말놀이는 큰 역할을 합니다. 먼저 끝말잇기는 모두 알듯이 처음 시작하는 사람이 '강아지'라고 단어를 말하면 다음 사람이 '지'로 시작하는 단어를 말하는 활동입니다. 아이부터 어른까지 누구나 쉽게 할 수 있는 놀이입니다. 끝말잇기는 아이들의 어휘 수준을 파악하는 데 확실한 도움이 됩니다. 만약 아이가 끝말 잇기 놀이에서 막혀서 단어가 떠오르지 않을 때는 책을 보고 말할 수 있도록 기회를 주세요. 대신 제한시간을 1분 정도로 해 보세요. 아이가 놀랍도록 빠른 속도로 단어를 찾습니다. 1분 동안 찾지 못한 다면 부모가 뜻과 함께 단어 힌트를 주세요.

특히 끝말잇기는 장거리 여행을 할 때 차에서 아이와 함께하기 좋 습니다. 아이와 끝말잇기 한 내용을 글로 적어 보세요. 다시 한 번 읽 어 보면 어휘력이 쑥쑥 길러질 겁니다. 끝말잇기는 승패를 가리기보 다는 함께 10번 하기, 15번 하기 등 협력하는 마음으로 해 주세요. 목표를 달성했을 때 보상이 있으면 더욱 좋겠죠? 지나친 경쟁심은 아이에게 스트레스를 주거나 친구들과 대립하게 할 수 있습니다.

유의어 말하기 놀이는 부모님들의 대학 시절 추억 속 놀이들을 하 며 시작하는 것도 좋습니다. 경마 게임, 아이스크림 31, 공공칠빵, 바니바니 등 게임들을 먼저 아이들과 함께합니다. 그러다가 새로운 게임을 제안하면서 아빠가 '사과'라고 이야기합니다. 이어서 엄마는 '포도'라고 말합니다. 아이는 어떤 걸 이야기해야 할까요? '바나나' 라고 대답하면 됩니다. 놀이를 시작한 아빠가 과일의 한 종류를 말 했기 때문에 다른 참가자들도 과일을 말하는 것이죠. 끝까지 진행하 며 최대한 많은 단어를 말해 보세요. 처음 시작하기에 좋은 단어는 '연필', '포도', '여름', '호랑이', '장수풍뎅이' 등이 있습니다. 좋아하 는 과자나 아이스크림 이름도 좋습니다.

반대어 찾기는 방법이 조금 다릅니다. 아빠가 '뜨겁다'라고 말하면 엄마는 '차갑다'라고 말합니다. 아이는 '차갑다'의 반대말을 생각해 봅니다. 단, 아빠가 말한 '뜨겁다'를 다시 이야기하면 안 됩니다. 아이는 '따뜻하다'나 '후끈하다', '덥다' 등의 반대어를 이야기할 수 있습니다. 그러면 아빠는 또 아이가 말한 단어에 대한 반대어를 찾아서 말하는 거죠. 반대어 찾기는 물건으로 하기보다는 이처럼 시각, 청각, 후각, 촉각, 미각 등 오감으로 느껴지는 단어나 감정으로 하는 것이 더 좋습니다.

유의어 찾기 시작 단어 예시	반대어 찾기 시작 단어 예시
포도, 무궁화, 일본, 책 이름, 시금치, 게임캐릭터 이름, 장수풍뎅이, 연필	차갑다, 기쁘다, 시끄럽다, 보인다, 들린다, 맛있다, 촉촉하다, 물컹하다, 움직인다

마지막으로 중심 단어 놀이는 3학년 때 배우는 중심 문장과 뒷받침 문장을 활용한 활동입니다. 나열된 단어들을 포괄하는 상위 개념의 어휘가 있습니다. 예를 들어 사과, 바나나, 파인애플, 포도를 포괄하는 상위 어휘는 '과일'입니다. 문제를 내는 사람이 '봄, 여름, 가을, 겨울'이라고 써서 보여 주면 상대방이 '사계절' 또는 '계절'이라고 맞히는 활동입니다. '민들레, 철쭉, 무궁화'라는 단어들을 제시하면 '꽃'이 정답이 됩니다. 처음에는 4~5개 단어를 써서 문제를 내고, 점차 3개, 2개, 1개로 제시하는 단어의 수를 줄여서 문제를 내 보세요.

② '우리 가족 행복 시간' 갖기

'우리 가족 행복 시간'은 가족들이 정해진 시간, 정해진 장소에 모여 서로의 안부를 묻거나 그동안 있었던 일에 대한 반성 혹은 새로운 결정을 하는 등, 서로를 알아가는 시간입니다. 가족회의와 크게 다르지 않죠.

혹시 집에서 가족회의를 해 본 적이 있나요? 집에서 부모와 대화를 많이 나눌수록 아이의 어휘력이 자라납니다. 또래와는 또 다른 어른들이 쓰는 어휘를 접하면 아이의 어휘력이 폭발적으로 증가합니다. 형제자매가 있다면 또래의 언어도 배울 기회가 됩니다.

이 시간은 말 그대로 '즐거워야' 합니다. 맛있는 간식과 화기애애한 분위기는 필수입니다. 아이가 잘못한 일로 가족회의가 빈번하게 열린다면 우리 가족 행복 시간이 아니라 불행 시간이 될 겁니다.

아이가 어렸을 때부터 가족회의를 정기적으로 열어 보세요. 아이가 어린 만큼 회의 주제는 가벼운 내용으로 합니다. 여행 장소 정하기, 음식 골고루 먹기, 집에서 책 많이 읽기 등입니다. 이처럼 집안의 중요한 행사에 아이에게 발언권을 준다면 아이는 흥미롭게 참여할 수 있습니다. 집에서 자신의 역할을 느끼며 책임감도 함께 길러집니다.

만약 회의 주제가 '이사 가야 하는데 어떻게 할까'라고 한다면 아이는 이사 가기 싫은 이유 혹은 가고 싶은 이유를 논리적으로 이야기하려고 노력할 것입니다. 음식을 골고루 먹어야 하는 주제로 토의를 한다면 아이도 나름의 방법으로 설득하려 듭니다. 열심히 노력한다면 필요한 자료를 검색하거나 찾아올 수도 있을 겁니다. 이 모든 과정이 자신의 의견을 전달하기 위한 수단으로, 표현력을 기르는 데 큰 도움이 됩니다. 회의를 하면서 부모는 아이를 이해시키고 달래며 활발한 의사소통이 이루어집니다. 아이는 토론할 때 가지는 발언권에 대한 이해, 상대방에 대한 존중과 경청, 대화와 설득의 방법 등을 자연스레 배우게 됩니다.

특별히 나눌 주제가 없다면 함께 모여 간식을 먹고 책을 읽으며 다양한 독후활동을 해도 좋습니다. 가족 게시판 활용하기와 가족 신문 만들기를 함께 해 보기를 추천합니다. 가정마다 작은 게시판을 하나 마련해 보세요. 게시판에 항상 글과 그림이 가득하면 효과적입니다.

아이가 부모에게 요청 또는 부탁하고 싶은 내용이 있다면 게시판에 글로 남기라고 해 보세요. 학교에서 받은 알림장, 가정통신문, 시험지를 직접 읽어 보고 포스트잇에 요청사항을 남기는 겁니다. 예를 들면 아이가 학교에서 구강검진과 관련된 가정통신문을 받아옵니다. 이를 가방에 넣어 두는 것이 아니라 직접 읽어 봅니다. 포스트 잇에 '엄마, 3월 17~21일까지 깨끗e치과에서 구강검진을 받아야 해요.'라고 씁니다. 포스트잇을 가정통신문에 붙여 게시판에 게시합니다. 부모가 바빠서 가정통신문을 빼먹고 지나치는 상황을 예방할 수 있습니다.

또한 독서 게시판으로도 활용할 수 있습니다. 책을 읽은 후 기억에 남는 문장을 포스트잇에 쓴 다음 붙여 보세요. 아이와 함께한 독후활동이나 추천도서 목록, 사고 싶은 책, 내가 그린 책 포스터 등 다양한 독후활동 결과물을 게시할 수 있습니다. 가족이 함께 여행을 다녀왔다면 가족사진과 느낀 점이 가득한 게시판이 되기도 합니다. 학교에서 받은 멋진 상이나 그림을 붙일 수도 있습니다.

예전 어린 시절을 떠올려 보면 방학 숙제의 단골 메뉴가 가족 신문 만들기였습니다. 가족 신문 만들기는 다방면으로 활용 가능합니다. 최근에는 편부모, 조손가정, 다문화가족 등 가족의 형태가 다양화되며 방학 숙제에서 사라진 듯합니다. 하지만 가족 신문은 가족 구성원들이 함께 머리를 맞대며 의견을 나누고 활발히 의사소통할 수 있는 좋은 소재입니다.

독서, 여행, 관심 분야, 가족 소개하기 등 다양한 주제로 신문을 만들어 보세요. 8절지를 접어 4등분해 자릅니다. 그리고 각자 파트에 맞추어 내용을 작성합니다. 독서가 주제였다면 읽은 책에 대한 느낌, 기억에 남는 문구, 주인공 바꿔 보기를 해 볼 수 있습니다. 추천 도서 목록과 그 이유, 책 표지 그리기도 흥미롭게 할 수 있습니다. 여행이 주제라면 가서 본 것, 들은 것, 느낀 것에 대해 써 보세요. 또 각자 관심 분야에 대해 자세히 써 본다면 서로를 이해하는 기회가 될 수 있습니다. 마지막으로 가족을 소개하는 내용으로 그림을 그리거나 사진을 붙이고 특징을 써 봅니다. 재미있는 에피소드를 쓰거나 유심히 관찰한 결과를 써 보는 것도 좋습니다.

③ 가족 일기 쓰기

부모와 아이가 함께 쓰는 일기는 어떤 느낌일까요? 우선 공책을 한 권 준비합니다. 학년 수준에 맞는 줄 간격의 공책으로 준비해 주세요. 8칸 공책에서 10칸 공책, 줄 공책으로 넘어가면 됩니다. 가족 일기를 쓰는 방법은 간단합니다. 3인 가족이라면 각자 일기 쓰는 날을 정해 보세요. 월요일은 아빠, 수요일은 엄마, 금요일엔 아이가 씁니다. 일기는 크게 두 가지 방법으로 쓸 수 있습니다. 가족이 함께했던 일을 주제로 한 일기와 서로에 관한 이야기를 주제로 한 일기입니다.

먼저 가족이 함께 놀러 갔거나 가족 간의 대화, 행동 등을 쓰는 가족 일기는 일반적인 일기 쓰기와 크게 다르지 않습니다. 대신 그날 가족들의 행동을 유심히 관찰하며 말과 행동의 특징 등을 자세히 씁니다. 아이의 관찰력까지 덤으로 길러집니다. 여행을 다녀왔다면 여행지에서 느낀 점을 위주로 쓸 수도 있습니다.

아이가 자람에 따라 다소 어긋나기도 하고 티격태격하는 횟수도 늘어납니다. 그럴 때 함께 쓰는 일기장에 마음을 표현해 보세요. 아이가 잘못한 내용이 있더라도 혼내기보다는 부모의 생각과 느낌, 당부의 말을 써 주세요. 아이가 잘못한 내용으로 이미 감정이 상한 상태에서 '너는 앞으로 ~~해야 해.'라는 내용의 글을 받아 본다면 관계가 더욱 소원해질 수 있습니다. 때로는 말로 표현하는 것보다 글로 표현하는 게 마음이 더욱 잘 전달되기도 합니다. 단어 하나 문장 하나에도 심혈을 기울여 서로의 속마음을 알게 되고 화해를 끌어내는 데 큰 역할을 하기도 합니다.

아이는 가족 일기를 통해 어른들의 어휘를 자주 접하게 됩니다. 일기는 가족 간 소통 창구일 뿐만 아니라 아이가 자연스럽게 많은 어휘를 접하는 수단이 되기도 합니다. 궁금하지만 선뜻 물어보지 못하는 내용, 해 주고 싶은 조언도 일기를 통해 짤막하게 전달할 수 있습니다.

④ 아이만의 어휘 사전 만들기

한자와 영어를 공부할 때 부수, 단어, 숙어, 문장 등 외워질 때까지 입으로 말하고 쓰는 행동을 반복합니다. 깨끗한 공책에 '단어장'이라고 큼지막하게 쓰고 단어공책을 따로 만들기도 하죠. 다른 나라의 언어를 공부할 때처럼 국어 어휘력을 늘리기 위해서는 단어장을 만들어 보세요. 한 단어의 뜻을 아는 것보다 단어장을 만들어 보는 그 과정에 더 큰 가치가 있습니다. 아이는 모르는 내용을 지나치지 않고 문맥을 통해 유추해 보고 사전에서 직접 그 뜻을 찾아봅니다. 호기심이 생기고 직접 문제를 해결하는 과정에 익숙해집니다.

단어장 만들기는 문제 푸는 것과 다르게 국어사전을 보며 스스로 정답을 찾아낼 수 있습니다. 국어사전은 자음과 모음의 순서대로 구성되어 있습니다. 사전과 친해지면 스스로 다양한 단어를 찾아보고 활용하며 학교에서 국어사전 활용 수업 때 큰 자신감을 가지고 수업에 참여할 수 있습니다.

문제를 풀거나 책을 읽을 때는 모르는 단어를 되짚어 보는 습관이 필요합니다. 궁금한 단어가 나오면 아이들은 부모에게 질문합니다. 부모가 단어의 뜻을 다 알려 줄 수도 있지만, 스스로 찾아보게 하는 연습이 더 중요합니다. 말로 듣는 설명은 금방 기억에서 잊힙니다. 아이가 배우는 국어, 수학, 사회, 과학 교과서를 적극적으로 활용해 보세요. 어린이 신문과 기사, 동화책도 좋습니다. 모르는 어휘가 포함된 문장을 반복적으로 읽는 습관을 지녀야 합니다.

학년이 올라감에 따라 교과서의 어휘 수준도 높아집니다. 모르는 어휘도 자연스럽게 포함됩니다. 모르는 어휘가 포함된 문장을 반복적으로 읽어 보세요. 그리고 뜻을 추측해 보게 하세요. 뜻을 파악하기 힘들면 앞뒤의 문장을 다시 읽어야 합니다. 마지막으로 앞 문단과 뒤 문단까지 다시 읽어 보며 어휘 뜻을 파악해 봅니다. 그래도 해결되지 않을 때는 국어사전을 찾아보면 됩니다.

뜻을 알게 된 단어는 아이만의 '어휘 사전'에 기록하게 하세요. 단어, 단어가 포함된 문장, 아이가 추측한 단어의 뜻, 국어사전의 뜻 4가지로 정리해 봅니다. 아이가 국어사전과 친해질수록 어휘력이 성장합니다. 스마트폰 검색으로 쉽게 찾을 수 있지만 직접 찾는 것보다 기억에 오래 남지 않습니다. 아이와 함께 하루에 2~3단어씩 꾸준히 써 보세요.

이런 활동을 스스로 좋아서 하는 아이들은 많지 않습니다. 그래서 적절한 보상이나 놀이 식의 접근이 필요합니다. 예를 들면, 단어 5가지를 정해 누가 먼저 찾는지 겨루거나 단어로 이야기를 만드는 등의 놀이가 있을 수 있겠죠.

아이만의 어휘 사전

단어	단어가 포함된 문장	추측한 뜻	국어사전 뜻

⑤ 좋아하는 책 따라 쓰기

아이가 특별히 좋아하는 책이 있다면 필사하게 하면 좋습니다. 동화책을 직접 따라 써 보고 그림을 그려 보세요. 내용이 너무 긴 책이라면 인상적인 부분만 골라 써도 좋습니다. 동화책의 뒷이야기를 상상해서 쓰고, 그려 보는 것도 재미있습니다. 아이가 동화책이 아닌 다른 장르의 도서에 관심이 있다면 인상 깊은 문장을 골라 쓰고, 이유를 함께 써 보세요.

좋은 문장과 구성을 따라 쓰다 보면 어휘력과 문장력이 자연스럽게 길러집니다. 작가를 희망하는 대부분의 문하생들은 문학작품 전체를 '필사'한다고 합니다. 책 한 권 또는 시리즈를 모두 처음부터 끝까지 직접 써 보는 거죠. 쓰는 활동은 읽는 활동과 다릅니다.

필사의 장점이 많지만, 아이가 글쓰기에 대한 거부감이 크다면 일종의 '깜지'로 전락할 수 있습니다. 깜지는 학생들이 쓰는 은어인데, 종이에 공부한 내용을 빼곡히 적어서 제출하는 과제를 말합니다. 따라서 아이와 다양한 독후활동을 통해 책 읽기와 글쓰기에 대한 재미를 느끼게 한 후에 해 보세요.

책 한 권을 읽을 때마다 기억에 남는 문장을 5개씩 쓰는 연습을 해 보는 겁니다. 수많은 책을 남긴 조선의 실학자 정약용은 책을 읽을 때마다 '초록'을 했다고 합니다. 모든 책의 내용을 머리로 기억할 수 없으니 몇 문장만 뽑아서 기록으로 남긴 거죠. 초록은 단 5문장으로 책 내용을 모두 기억해 내는 힘이 있습니다.

초록을 하지 않으면 책을 읽은 행복한 감정은 남지만, 내용은 기억에 남지 않습니다. 책에서 읽은 문장 중 5문장을 고르고, 아이가 고른 이 5문장으로 책의 내용을 떠올리는 과정을 통해 책 한 권이 아이의 기억 속에 오래 남을 수 있게 됩니다.

좋아하는 책 따라 쓰기

5문장 쓰기	따라 쓴 이유
①	
②	
③	
④	
⑤	

고학년 아이들도 동화책을 읽고 쓰는 활동을 좋아합니다. 어른이 읽어도 재미있는 동화책을 고학년이라고 읽지 않을 이유는 없습니다. 교실에서도 아이들은 동화책 읽기에 흥미를 보입니다. 필사하기에 익숙해진 아이들은 새로운 내용을 쓰고 싶은 욕구가 저절로 자라납니다. 필사에 익숙해진 아이들은 "선생님, 필사한 문장을 활용해서 새로운 동화를 써 보고 싶어요."라는 말이 자연스레 나옵니다. 아이들이 저마다 고른 멋진 문장을 종합해 짧은 동화를 만들고 그림도 함께 그리면 학급 동화가 완성됩니다. 동화책처럼 문장이 멋지거나 완성도가 높진 않지만 성취감을 느낄 수 있는 활동이죠.

필사에서 발전된 동화책 만들기 활동은 집에서도 할 수 있습니다. 저는 집에서 틈날 때마다 짧은 동화를 씁니다. 동화작가들처럼 멋진 글은 아니지만 그럴듯하게 쓰려고 노력합니다. 하루 이틀이면 쓸 수 있는 정도의 글입니다. 그리고 아내와 아이가 함께 그 글을 읽습니다. 추가하고 싶은 부분, 수정하고 싶은 부분을 찾아 수정한 뒤 그림을 다 함께 그립니다. 무슨 그림을 그리는지 어떤 색을 사용하는지 다양한 이야기를 나눕니다.

한 달 넘게 함께 동화책을 만들고 나면 책으로 만들어 주는 홈페이지에 의뢰할 수도 있습니다. 물론 적지 않은 비용이 들어가지만, 아이와 함께 만든 동화책인 만큼 아이도 저도 성취감을 느낄 수 있는 활동이었습니다. 돈을 지불하고 동화책을 받아 집에서 아이와 함께 읽어 보기도 하고 친척, 친구들 만날 때 아이가 직접 자신이 만든 동화책을 선물하기도 합니다. 아이는 직접 만든 책을 선물하면서 으쓱해지겠죠? 익숙해지면 역할을 바꾸어 해 보세요. 아이와 엄마가 동화책 내용을 구상해 보거나 아이 스스로 쓸 수도 있겠죠. 아빠가 그림을 그릴 수도 있습니다. 아이가 동화책을 직접 써 보고 만들어 보는 경험은 그 무엇과도 바꿀 수 없습니다. 좋은 추억과 어휘력, 상상력은 덤입니다.

말을 많이 할수록
어휘력도 자란다

말하기를 좋아하게 하려면

유독 언변이 뛰어난 아이들이 있습니다. 아는 것도 많고 나이에 비해 성숙한 어휘를 즐겨 사용합니다. 언변이 뛰어난 아이들은 유전적 요인도 크지만 충분한 어휘에 노출된 경우가 많습니다. 언변이 뛰어난 아이들의 대표적인 3가지 조건을 살펴보면, '집에서 부모님과 많은 대화를 나누고, 독서량이 많고, 말하기를 정말 좋아한다.'입니다.

말하기를 좋아하는 아이 중 어휘력이 부족한 아이를 본 적은 없습니다. 왜냐하면 말을 많이 하려면 아는 지식이 많아야 하기 때문입니다. 친구들에게 열심히 말하는 도중 친구들이 "그거 아닌데?"라고 하는 상황에 맞닥뜨리고 싶은 아이는 없을 테니까요. 처음에는 어휘력이 부족할 수 있어도 스스로 노력을 통해 극복해 나갑니다. 부모님께 계속 질문을 하거나, 책에서 정보를 얻거나, 계속 말하며 지식을 늘려가는 방법을 사용합니다. 저학년 시기까지는 부모가 어떻게 하느냐도 영향을 크게 미칩니다. 아이의 질문에 열심히 대답해 주면 아이들은 어휘와 말하기가 함께 발달합니다. 간혹 어휘력이 부족하지만 말하기는 좋아해 더듬더듬 계속 말하는 아이도 있습니다. 이 아이들은 동화책을 소리 내어 읽는 연습을 꾸준히 하면 도움이 됩니다.

말하기를 좋아하는 아이들은 대부분 외향적입니다. "말을 참 잘하네.", "똑똑하네."와 같은 칭찬으로, 말하기에 대한 자신감은 점점 더 커집니다. 외향적인 아이들은 말하기를 통해 어휘력이 자연스럽게 길러지는 경우가 많습니다. 자신감이 있다 보니 틀린 답을 말해도 크게 개의치 않습니다.

저학년 때는 아이의 자신감이 어휘력과 밀접한 연관이 있습니다. 하지만 고학년이 되어서 어휘력을 기르는 별도의 활동을 하지 않는다면 말하기 습관에 큰 변화가 올 수도 있습니다. 수업시간에 점차 모르는 단어가 나오고, 책 읽기나 발표에 소극적으로 변하죠. 저학년에서 고학년으로 넘어가는 시기에 초등 지식 독서를 많이 하면 말하기에 자신감을 유지할 수 있습니다.

반대로 내향적인 성향의 아이들은 머릿속으로 말할 내용을 끊임없이 상기하며 곱씹습니다. 그만큼 신중하게 말하기 때문에 가끔 내

뱉는 한마디가 말하기를 좋아하는 아이들보다 논리적일 때도 많습니다. 하지만 섣불리 말하는 것에 대한 부담감이 큽니다. 수업시간에도 정확한 답을 알 때만 발표를 하죠. 수업이나 친구들과의 대화에서 잘못된 언어를 사용할 수도 있고 틀린 답을 말할 수도 있습니다. 하지만 틀리는 것에 대한 지나친 부담감 때문에 말하기에 소극적인 태도를 보입니다.

내향적인 아이들은 보통 독서를 통해 어휘력을 늘립니다. 어휘력을 늘리기에 효과적인 방법이 독서이지만, 우리는 하루 중 책을 읽는 시간보다 주변 사람들과 말하는 시간이 더욱 깁니다. 따라서 말하기에 흥미를 갖도록 유도하는 것도 필요합니다. 평소 말하기에 자신감이 있어야 수업시간에 발표도 열심히 하고 뭐든 더욱 적극적으로 참여합니다.

최근 학교 수업의 큰 흐름은 교사와 아이들의 상호작용이 주를 이룹니다. 원활한 상호작용을 위해서는 자기 생각을 적극적으로 말하는 연습이 필요합니다. 초등학교 때 발표에 대한 자신감은 추후 중학교, 고등학교, 대학교, 성인이 되어서도 영향을 미칠 수 있습니다. 발표에 익숙해지기 위해서는 학교 국어 시간에 적극적으로 참여하게 하는 것이 필요합니다. 집에서는 학교에서 배울 내용을 미리 공부해 아이가 학교에서 확신에 차서 발표할 수 있도록 연습해 보는 것이 도움이 됩니다.

우리 집도 하브루타 대화

대화는 지식을 습득하는 가장 기초적인 방법입니다. 유대인의 전통적 학습 방법으로 알려진 하브루타에서도 대화의 중요성을 강조합니다. 하브루타는 두 명 혹은 네 명이 짝을 지어 서로 질문하고 토론하는 유대인 전통 교육법입니다. 유대인이 전 세계 각계각층에서 성공적인 인물을 많이 배출할 수 있었던 비결로 꼽히지요.

문답식 교육인 하브루타로 대화를 주고받아 보세요. 평소 아이와 함께 다양한 주제로 질문, 토론, 토의, 논쟁을 해 보는 것입니다. 밥상머리나 가족 토의시간을 활용해 특정 주제를 가지고 대화를 나누는 연습은 어휘력 향상에 많은 도움이 됩니다.

유대인 부모들은 가정에서 아이와 식사를 하거나 다과를 먹을 때 자유롭게 질문하고 대답합니다. 아이와 함께 읽은 책, 함께 공유한 경험은 더 좋은 이야깃거리가 됩니다. 하브루타는 아이들의 호기심을 증폭시켜 주는 촉매제 역할을 하는 대화법입니다. 우리 주변의 모든 발명품은 호기심과 도전정신으로 태어났습니다. 아이들은 세상에서 보는 모든 것이 새롭고 신기합니다. 그리고 끊임없는 질문으로 답을 알아내려고 하죠. 이처럼 스스로 알고자 하는 욕구는 끝없는 질문 또는 탐구로 이어져 학습에 긍정적인 역할을 합니다.

하브루타 대화를 시작하기 전에 아이와 함께 분위기를 조성하는 대화를 해 보세요. 아이의 기분을 색깔, 꽃, 동물, 숫자, 계절 등 다양한 방법으로 표현해 보는 겁니다. 자연스럽게 두뇌를 회전시키며 이야기를 이어나갈 수 있습니다.

그리고 "네 생각은 어떠니?"라는 질문을 자주 해 보세요. 아이들은 자기 생각을 열심히 말하고 상대방이 눈을 바라보며 경청해 줄 때 말하기에 대한 자신감이 커집니다. 상대방이 들어준다면 말을 더욱 잘하기 위해 노력하죠. 아이가 생각을 단편적으로 이야기한다면 "자세히 말해 볼까?"라고 말해 보세요. 아이의 대답이 완벽하지 않고 조금 부족해 보여도 답을 알려 주기보다는 계속 질문해 보는 게 좋습니다. 아이는 자기가 알고 있는 지식을 점차 효과적으로 표현할 수 있게 됩니다.

아이와 대화를 마치면 대화 내용을 상기시키는 질문을 해 보세요. "오늘 했던 말 중에 기억에 남는 말 있어?"

아이들은 했던 말을 기억하지 못하는 경우가 많습니다. 이 질문을 통해 기억력과 사고력을 함께 기를 수 있습니다. 했던 말이 기억나지 않는다면 부모님이 힌트를 줄 수도 있습니다.

말하기에도 효과적인 밥상머리 교육

밥상머리 교육은 하브루타와 더불어 말하기에 큰 도움을 줍니다. 밥상머리 교육을 받은 아이들의 성적이 그렇지 않은 아이보다 높다는 연구결과가 많습니다. 흡연율과 음주율에도 영향을 미칩니다. 부모님과 함께 식사하면 편식도 덜 하게 되고, 음식도 천천히 먹게 되어 건강에도 좋은 영향을 미칩니다. 혼자인 경우 주로 인스턴트를 먹거나 급하게 식사를 해 비만이나 성인병에 쉽게 노출되기도 합니다.

밥상머리는 아이들이 가장 기초이자 기본인 식사예절을 배울 수 있는 공간입니다. 식사예절을 통해 기본 생활습관도 더불어 익힐 수 있죠. 음식을 소리 내지 않고 먹는 '예의', 함께 나누어 먹는 '절제', 식사를 마치고 자리를 뜨지 않는 '규칙 준수', 맛있다고 칭찬하는 '배려' 등 여러 덕목을 익힐 수 있습니다.

맞벌이 가정이 증가하면서 아이와 대화할 시간이 갈수록 줄어들고 있습니다. 식사시간만이라도 자연스럽게 아이와 대화해 보세요. "숙제 다 했니?"와 같은 검사는 식사시간을 피해서 질문해 주세요.

다음은 교육과학기술부에서 발표한 밥상머리 교육 실천지침 10가지입니다. 식탁에 두고 활용해 보세요.

밥상머리 실전 지침 10가지

1. 일주일에 두 번 이상 '가족 식사의 날'을 가진다.
2. 정해진 장소에서 정해진 시간에 함께 모여 식사한다.
3. 가족이 함께 식사를 준비하고 함께 먹고 함께 정리한다.
4. TV는 끄고, 전화는 나중에 한다.
5. 대화를 할 수 있도록 천천히 먹는다.
6. 그날의 일과를 서로 나눈다.
7. "어떻게 하면 좋을까?" 식의 열린 질문을 던진다.
8. 부정적인 말은 피하고 공감과 칭찬을 많이 한다.

9. 아이의 말을 중간에 끊지 말고 끝까지 경청한다.

10. 행복하고 즐거운 가족 식사가 되도록 노력한다.

*출처: 교육과학기술부

아이와 놀면서
어휘를 익혀라

아이가 좋아서 참여하게 하는 것이 관건

문해력을 기르는 데 밑거름이 되는 어휘력은 다양한 방법으로 키울 수 있습니다. 많은 부모들이 이미 수많은 이론과 지침서를 보며 무엇이 좋고 나쁜지를 압니다. 언제나 그렇듯이 실천이 어려운 법이지요. 집에서 실천하기에 너무 많은 장벽에 부딪혀 작심삼일이 될 때가 많습니다. 아이가 갑자기 아프거나, 너무 힘들어하거나, 다른 일로 아이와 관계가 안 좋거나, 부모가 일이 너무 바쁠 때 등이 있습니다.

특히 앞에서 소개한 과녁독서를 실천하려고 하는데 아이가 너무 싫어해 엄두가 나지 않는다는 부모들도 많습니다. 이처럼 도움이 되는 교육 정보들은 모두 중요하지만 무엇보다도 가장 먼저 해야 할 일이 있습니다. 아이와의 올바른 학습 관계를 형성하고 자연스럽게 공부와 친해지는 것입니다.

아이가 다소 부담을 느낄 만한 일이나 요청을 할 때는 그 전에 부모와 편안한 관계를 만드는 것이 우선입니다. 긴장감이 가득한 분위기에서 불쑥 과녁독서를 해 보자고 제안하거나 학교 공부로 지쳐서 돌아온 아이에게 책 읽기를 하자고 하면 일이 성사되기 힘듭니다. 기초 공사가 탄탄해야 무너질 일이 없듯이, 일단 아이와의 관계가 편안하고 아이의 기분이 좋을 때 새로운 시도를 제안해 보는 것이 좋습니다.

자연도 즐기고 어휘도 익히는 놀이법

거부감 없이 아이가 즐겁게 받아들이는 어휘 익히기 방법이 있습니다. 집에서 지내는 시간이 많은 아이에게 자연에서 뛰놀며 어휘력을 기르는 방법 3가지를 소개합니다. 비가 오거나 공기가 나쁜 날을 제외하고는 언제든 할 수 있는 활동입니다. 눈이 내린 날은 더 특별한 경험이 될 수 있습니다.

① 보물 단어 찾기

어릴 적 학교에서 1박 2일 캠프를 하면, 주로 둘째 날엔 뒷산으로 등산을 가곤 했습니다. 전날 밤 담력 훈련과 캠핑을 하고 밤새 아이들과 떠들며 새벽에 잠든 다음 날이었죠. 졸린 눈을 비비며 모인 우리에게 선생님은 외쳤습니다. "지금부터 등산합니다. 한 줄로 따라 오세요." 기억하나요? 우리가 등산하는 사이 선생님들은 상품 이름이 적힌 종이를 운동장, 화단, 조회대 곳곳에 열심히 숨깁니다. 간혹 씨름장 속 모래나 나뭇가지에 걸린 쪽지를 잡으려고 노력하기도 했었죠. 찾아내면 상품으로 교환하고 맛있는 아침 식사를 했습니다. 이 활동을 접목해 우리 아이의 어휘력을 길러 보세요.

활동 방법

- 아이가 모를 것 같은 단어를 3~4개 정도 쪽지에 씁니다.

- 재미를 위해 '꽝', '벌칙', '상품' 쪽지도 1개씩 만듭니다.

- 지퍼백 또는 작은 종이상자에 쪽지를 넣습니다.

- 자연(공원, 산, 하천, 강가 등)으로 떠납니다.

- 적당한 장소를 찾아 아이 모르게 숨깁니다.

- 제한시간 동안 아이는 숨긴 물건을 찾습니다.

- 종료 후 모여 찾은 쪽지를 함께 살펴봅니다.

- 찾아낸 단어의 뜻을 말하고 그 단어를 사용해 문장으로 이야기하면 상품을 줍니다.

예) 멸망 - 국가나 민족 등이 없어지는 것. 공룡은 지구에서 멸망했다.

- 숨긴 쪽지는 자연보호를 위해 모두 회수합니다.

② 단어 조합 놀이

아이와 함께 등산을 가보세요. 메모지와 종이를 들고 산을 오르며 주변을 둘러봅니다. 멋진 풍경, 지나가는 사람들, 다람쥐, 때로는 꿩을 볼 수도 있겠죠. 중간 중간 앉아 쉴 때 떠오르는 단어를 써 보세요. 최대한 많이 써 보면 좋습니다. 단어 개수는 아이의 수준에 따라 부모가 정해 주세요. 10개, 20개, 30개씩 10단위로 늘려 보세요. 많이 쓰는 아이는 100개가 넘는 단어를 쓰기도 합니다. 산을 오르고 내리며 쓴 단어들을 가지고 집으로 돌아옵니다.

집으로 돌아와 포스트잇에 아이가 쓴 단어를 하나씩 옮겨 적습니다. 부모와 아이가 함께 쓰면 더 좋습니다. 가지고 온 단어를 아이가 만든 여러 가지 기준에 따라 분류해 보세요. 하늘과 땅, 동물과 식물, 움직이는 것과 움직이지 않는 것, 소리가 나는 것과 나지 않는 것 등 다양한 분류기준을 떠올려 볼 수 있습니다.

분류하기 활동을 마치면 단어를 섞어 아무 곳에나 붙여 봅니다. 붙인 단어를 서로 선으로 그어 간단한 문장 만들기를 해 봐도 좋습니다. 더 많고, 재미있는 문장을 만든 사람이 이기는 놀이로 접근하면 아이가 좋아합니다. '다람쥐는 나무를 탄다, 산머리에 구름이 걸려 있다, 아빠가 나뭇가지를 밟았다'처럼 선을 그어 문장을 완성해 보세요.

③ 자연 사진 찍어 공유하기

아이와 함께 자연을 즐기며 찍고 싶은 사진을 마음껏 찍어 보세요. 인물, 풍경, 곤충, 동물 등 아이의 관심 분야라면 어느 것이든 좋습니다. 함께 찍은 사진을 추려 인터넷이나 동네 사진관에서 출력해 보세요. 아이와 함께 찍은 사진을 종이에 예쁘게 붙이고 사진의 제목과 간단한 글귀를 적어 보세요. 사진에 써 넣을 글귀는 뭔가 그럴듯해 보이면 좋습니다. 부모님이 먼저 멋진 여행 글귀를 써서 보여 주고, 아이도 상상하게 해 봅니다.

'여행은 내 마음을 살찌우는 양식이다.'

'나무와 산은 항상 그 자리를 지키는 든든한 부모님 같다.'

'나는 자연에서 배우고, 자연에서 놀고, 자연에서 꿈꾼다.'

이처럼 아이가 표현할 수 있는 글을 써 보이면, 아이는 부모의 예시를 보고 비슷한 느낌으로 곧잘 따라 써 봅니다. 자신이 찍은 작품으로 비유적인 표현을 해 보는 연습은 아이의 감수성을 키우고 자연을 마음으로 느끼는 데도 도움을 줍니다. 감수성이 풍부한 아이는 감정을 좀 더 자세히 표현할 수 있으며, 감정을 표현하기 위해 다양한 어휘를 사용합니다. 이 활동은 글귀에서 동시 쓰기까지 활동을 더 이어갈 수 있습니다.

3장

문해력을 키우는 2단계

매일 글쓰기의

힘

문해력이 자라는
초등 글쓰기

글쓰기로 문해력을 완성한다

앞서 문해력을 기르기 위해 기초를 다지는 방법에 대해 자세히 설명했습니다. 어휘, 독해 등 탄탄한 기초를 세웠다면, 여기에 글쓰기를 더해야 문해력의 꽃을 비로소 활짝 피울 수 있습니다.

문해력과 밀접한 교과인 국어의 4가지 영역은 듣기·말하기·읽기·쓰기이며, 이것은 언어의 발달 순서와 같습니다. 4가지 영역 중 쓰기는 가장 뒤에 위치합니다. 앞의 듣기, 말하기, 읽기가 모두 익숙해지고 난 후에 쓰기를 할 수 있기 때문입니다. 아이는 말을 배울 때 가장 먼저 듣습니다. 태어나서 수없이 많은 이야기를 듣고 자라납니다. 듣기가 충분해지면 짧은 단어를 말하고 이어 문장을 말하기 시작합니다. 그리고 글자를 배우고 책을 읽습니다. 마지막 단계에서 글쓰기를 합니다.

글쓰기는 생활 속에서 아이들의 문해력을 판단하는 가장 좋은 방법입니다. 글을 잘 쓰는 아이들은 기본적으로 똑똑합니다. 말도 꽤나 논리적이죠. 글을 쓸 때는 여러 정보를 종합하고 필요한 위치에 배치하고, 퇴고하는 등 복잡한 과정이 필요하기 때문입니다. 글쓰기의 개요를 짜고 내용을 구성해 하나의 글을 완성하는 데 어려움을 겪는 아이들의 대부분은 문해력이 부족합니다. 다시 말하면 글쓰기를 통해 문해력을 기를 수 있다는 것입니다.

저학년 아이들은 대개 글쓰기를 좋아하고 한 글자라도 더 쓰고 싶어 합니다. 그런데 학년이 올라갈수록 달라집니다. 어떻게든 글쓰기를 피하려고 합니다. 저는 교실에서 아이들에게 글쓰기 숙제를 꾸준히 내고 있습니다. 매일 무언가 새로운 것을 써야 하니 머리를 쥐어짜야 합니다. 주제를 받으면 감각에 따라 분류해 보고, 때로는 설득하는 글도 써 봅니다. 물론 쉬운 활동은 아니지만, 조금 어려운 숙제를 꾸준히 하며 아이들은 글쓰기 실력과 함께 도전 정신이 생깁니다.

글쓰기 전에 이것만은 꼭

글쓰기 전에 꼭 알아두어야 할 것이 있습니다. 바로, 무엇보다 중요한 것은 본격적으로 글을 쓰기 전에 아이의 책 읽기가 반드시 선행되어야 한다는 것입니다. 책을 좋아하지 않는 아이에게 글쓰기를 권하진 마세요. 영영 책과 멀어질 수도 있습니다. 자연스럽게 책, 도서관, 서점과 친해진 다음 글쓰기를 시도하세요. 거실에 있는 TV를 치우고 서재 한가득 책을 놓는 게 능사는 아닙니다. 하루에 2~3권씩이라도 꾸준히 읽고 함께 활동하면 충분히 책과 친해질 수 있습니다.

또 집에 너무 많은 놀잇감이 있다면 독서에 도움이 되지 않습니다. 책을 읽는 공간과 놀잇감은 서로 공간을 분리하는 게 좋습니다. 아이들 주변에 장난감이 없고 책과 함께한다면 책을 보는 활동이 익숙해지기 마련입니다. 책은 아이 눈에 항상 보이는 곳에 부담스럽지 않는 양을 비치하세요.

아이에게 숙제를 내주듯 무리하게 글쓰기를 시키는 것 역시 도움이 되지 않습니다. 엄마가 아이에게 이렇게 이야기합니다. "오늘 기억에 남는 일로 일기를 써 봐. 10줄이야. 시간은 30분 줄게." 듣기만 해도 부담스럽죠. 아이는 되물어보고 싶습니다. "제가 뭐 잘못한 거 있어요? 왜 그러시는 거예요?"라고 말입니다.

갑자기 글을 쓰라고 하면 성인도 쓰기 어렵습니다. 초등 3~4학년 까지는 어느 정도 부모의 요구에 따라 일기 쓰기도 곧잘 해냅니다. 하지만 사춘기가 시작된 아이들에게 일기 쓰기 지도는 현실적으로 어렵습니다. 아이가 책을 읽거나 신문을 보는 등 글에 익숙해지길 기다린 후, 명확한 소재를 가지고 글을 쓸 수 있도록 천천히 지도해 주세요. 그러면 글을 쓰기에도 부담스럽지 않고, 기억력이나 체계적인 사고를 키우는 데도 도움이 됩니다.

글쓰기에서 중요한 2가지

글쓰기에서 중요한 2가지는 '자기가 쓰고 싶은 것을 쓰고 싶은 만큼 쓴다', 그리고 '자기가 본 대로 쓴다'입니다. 일기를 쓸 때 아이들은 느낀 점과 생각을 사실적으로 쓰기보다는 꾸며서 쓸 때가 많습니다. 예를 들면, 친구와 싸운 뒤 기분이 좋지 않고 사과할 생각도 전혀 들지 않는데 일기장에는 자신의 생각과 다르게 씁니다. 잘못을 인정하거나 사과하고 싶다고 쓰는 것이죠. 아이들은 자신의 감정을 잘 드러내기도 하지만 부모님이나 선생님이 본다는 사실을 인식해 거짓 일기를 쓰기도 합니다. 아이들이 글쓰기의 목표를 달성하기 위해서는 사실대로 쓰는 연습을 해야 합니다.

글쓰기는 무조건 재미있게 접근하라

마지막으로 짧은 글을 쓴 게 언제인가요? 우리는 짧은 편지글 하나를 쓸 때도 오랜 고민 끝에 펜을 집어듭니다. 업무용 메일을 쓸 때는 더 많은 고민이 필요하죠. 전달할 내용을 쓰고 고치고, 또 고칩니다. 첫인사와 끝인사는 올바르게 썼는지, 첨부파일이 잘못되진 않았는지 꼼꼼히 봅니다. 이해하기 어렵진 않은지, 내 의도가 정확히 전달되었는지 확인하죠. 기안문을 작성할 때도 마찬가지입니다. 정해진 양식에 따라 쓴 글을 몇 번이고 다시 확인합니다. 오탈자는 없는지, 날짜와 전화번호가 틀리진 않았는지 계속 확인하죠. 글쓰기가 좋아 취미나 직업으로 삼지 않는 이상 우리에게 글쓰기란 그리 유쾌한 일은 아닐지도 모릅니다.

어렸을 때 했던 글쓰기를 한번 떠올려 보세요. 초등학생 때는 글로 표현하고 그림으로 그리는 일이 새롭고 신기했습니다. 부모님과 친구들, 선생님의 칭찬으로 어깨가 으쓱해지는 일도 종종 있었습니다. 칭찬을 받으니 더 열심히 쓰고, 한 글자라도 더 쓰려고 노력했습니다. 물론 아이들의 글에는 오류가 많습니다. 맞춤법, 띄어쓰기, 문장부호가 틀렸거나 앞뒤 문장의 연관성이 부족한 경우도 있습니다. 하지만 굳이 이런 부분을 지적하며 수정해 주지 않습니다. 아이들에게는 '글쓰기는 재미있고 쉬운 거였구나.'라고 느끼게 해 주는 것이 가장 중요하기 때문입니다.

아이들이 글쓰기를 부담 없이 받아들이고 무엇이든 자유롭게 쓸 수 있도록 하는 것이 중요합니다. 처음부터 너무 완벽하고 꼼꼼하게 글을 쓰도록 가르치는 것은 바람직하지 않습니다. 아이들에게 글쓰기는 놀이처럼 즐겁고, 먹고 자는 것처럼 자연스러운 것이 되어야 합니다.

간혹 아이들의 글을 읽다가 틀렸거나 어색한 부분을 빨간펜으로 첨삭할 때가 있기도 하지만 이는 아이들의 글쓰기에 매우 부정적인 영향을 미칠 수 있습니다. 아이들에게 글쓰기는 자신이 만들어 낸 하나의 작품입니다. 열심히 쓴 내용이 빨간펜으로 수정되면 속상하지 않을까요? 주제에 벗어난 내용이라면 첨삭보다는 같이 새로운 글쓰기를 해 보는 게 것을 추천합니다. 이때 아이가 쓴 내용에 대해

서는 꼭 공감해 주세요. 맞춤법은 글쓰기와 별도로 지도해 주는 것
이 도움이 됩니다. 글쓰기 활동에는 쓴 내용에만 집중하는 것이 좋
습니다.

글쓰기의 기초를 다지는
2가지 방법

하버드대학교에서 글쓰기 강의를 진행하는 낸시 교수는 매년 신입생들을 대상으로 글쓰기를 가르칩니다. 학생들이 삶의 주인이 되어 삶을 이끌어 나가는 데 글쓰기는 필수이기 때문입니다. 글쓰기는 가장 높은 수준의 고등사고력을 사용하며 문제해결력, 과제 집착력, 창의성, 유창성, 융통성 등 미래 사회가 요구하는 사고력이 필요한 활동입니다. 두뇌를 계발시키는 가장 효과적인 방법이기도 하죠.

글쓰기를 하는 동안 뇌는 알고 있는 경험과 지식을 새롭게 조합하는 지식의 재구성이 일어납니다. 짧은 문장 하나를 쓰기 위해 단어 선택부터 문장의 길이, 구성, 독자를 위한 고려 등 종합적인 사고를 하기 때문입니다. 이처럼 글쓰기는 알고 있는 지식을 선별하고, 새로운 지식을 탐색하며, 단어 및 문장의 선택과 문장 전개 방식, 표현 방법 등을 고려하며 뇌의 모든 영역을 발달시킵니다.

최근 교육의 큰 흐름이 토론이나 논술을 강조하는 쪽으로 바뀌고 있습니다. 대학에 가기 위해서는 논술을 준비해야 하고, 토론이나 면접에서도 유창하게 자기 생각을 표현할 줄 알아야 합니다. 직업이 생긴 후 한 분야에서 자신의 능력을 발휘하기 위해서라도 필수적입니다. 직장에서 프레젠테이션을 하거나, 프로젝트 또는 기획안을 설명하고, 거래처와의 관계를 유지하기 위해서 글쓰기가 다양하게 활용됩니다.

글쓰기의 기초를 초등학교 시기부터 갈고닦아 보세요. 튼튼한 기초는 아이가 살아가는 데 큰 힘이 됩니다. 그리고 어떤 글쓰기에서도 자신감 있게 글을 써 내려갈 수 있습니다.

다음은 문해력을 기르기 위해 꼭 필요한 글쓰기의 기초를 다지는 데 도움을 주는 방법 2가지입니다.

① 책의 문장을 활용한 글쓰기

저학년 대상 책은 그림이 많고 글씨가 큽니다. 고학년 대상 책일수록 그림이 줄어들고 글씨 크기는 작아지며 글의 양이 늘어납니다. 아이와 함께 읽은 책에서 5~6개 문장을 선정하여, 이 문장들을 활용해 글을 써 보세요. 아이와 부모가 함께한다면 각각 2개씩 문장을 써 볼 수 있습니다. 다음 예시는 『안읽어 씨 가족과 책 요리점』에서 뽑은 문장입니다.

선정한 문장

① 엄마, 휴지가 없어요!

② 1등에게는 대형 냉장고를 선물로 준다고 적혀 있었습니다.

③ 냉장고에는 더 이상 물건을 넣을 자리가 없었습니다.

④ 눈앞에 공사장이 펼쳐졌습니다.

⑤ 계단을 오르자마자 으리으리한 요리점이 있었습니다.

⑥ 초롱초롱한 눈망울에 졸음이 밀려왔습니다.

부모님이 4문장(엄마 2문장, 아빠 2문장), 아이가 2문장을 정했습니다. 본격적인 글쓰기를 하기 전에, 상대방이 찾은 문장을 책에서 누가 빨리 찾는지 대결하거나 책 속에 나온 문장의 순서를 맞추는 활동을 먼저 해 보는 것도 좋습니다. 그리고 선정된 6문장의 순서를 바꾸어 짧은 이야기를 만들어 볼 수도 있습니다. (문장이 살짝 다르게 표현되어도 됩니다.) 가족이 모두 함께 이야기에 이야기를 덧붙여 가는 것이죠. 위에 쓴 6문장이 10문장, 12문장, 15문장으로 점차 늘어난다면 본격적인 글쓰기를 시작해 보세요. 총 15문장을 목표로 5문장씩 번갈아 가며 쓰고, 다른 가족들이 서로 도움을 주며 글쓰기를 완성할 수 있습니다.

책의 문장을 활용한 글쓰기 예시

아침밥을 먹고 배에 신호가 왔어요. 헐레벌떡 화장실로 가 볼일을 봤는데 그만 휴지가 다 떨어져 버렸습니다. 나는 큰 소리로 외쳤어요. **"엄마, 휴지가 없어요."** 엄마는 바쁜 일이 있는지 분주하게 움직이고 계셨어요. "자, 휴지 여기 있다." 엄마 덕분에 나는 무사히 임무를 마치고 거실로 갔습니다. 엄마는 요리를 하느라 바쁘신 모양이었어요. 아빠는 신문을 보고 계셨습니다. 궁금해서 빼꼼히 쳐다보니, **'1등에게는 대형 냉장고를 선물로 드립니다'라고 써 있었습니다.** 아빠는 파를 송송 썰고 있던 엄마에게 "우리 냉장고 바꿀 때 되었지?"라고 물었어요. 엄마는 **"그러게. 냉장고에 더 이상 물건을 넣을 자리가 없네."라고 말씀하셨어요.**

주말이 다가왔습니다. 우리 가족은 모두 외출 준비에 나섰습니다. 차를 타고 한참을 달렸지요. 창문 바깥으로는 푸릇푸릇 잎이 나온 나무가 보였고요. 나는 곧 입을 크게 벌리고는 하품을 했습니다. 아침부터 나오느라 **졸음이 한가득 밀려왔거든요.**

마침내 도착한 곳에는 넓은 공원과 학교, 버스정류장, 그리고 **공사장도 있었습니다.** 부모님은 이 지역에 새로운 건물들을 계속 짓는 중이라고 하셨어요.

공원을 지나 **계단을 올라가니, 으리으리한 요리점들이 즐비해 있었습니다.**

"자, 바로 이 식당에서 오늘 우리가 요리를 할 거야!"

아빠가 어느 식당을 가리키며 말했어요.

엄마, 아빠, 나는 '냉장고 바꾸기 요리 대회'에 참가하기 위해 성큼성큼 안으로 들어갔습니다. 우리 가족은 오늘 1등을 할 수 있을까요? 콩닥콩닥 가슴이 뛰고 설레는 마음이 들었습니다.

② 가족회의 글쓰기

소소한 이야기에서 진지한 이야기까지 할 수 있는 가족회의를 한 달에 몇 번 정도 하나요? 일반적으로 10가족 중 1가족 정도는 가족회의를 하고 있으며 횟수는 한 달에 1~2번이 가장 많은 것으로 조사되었습니다.

정기적이지 않을 뿐이지, 모든 가족은 가족회의를 합니다. 아직 가족회의를 해 보지 않았다면 지금부터라도 시작해 보세요. 단, 공식 명칭과 날짜를 정하고 가족회의를 한 내용을 기록해 볼 것을 권장합니다. 가족회의는 우리 집의 구성원이라는 소속감과 동시에 책임감을 길러 주는 데 효과적입니다. 자신의 의견이 반영되고, 의견을 내봄으로써 자연스럽게 말하기 능력도 길러지죠. 말하는 능력을 통해 자연스럽게 경청하는 능력도 길러집니다. 여기에 글쓰기를 추가하면 읽기와 쓰기 능력도 기를 수 있습니다. 어린 시절 교실에서 하던 학급회의에는 회장, 부회장, 서기가 있었습니다. 아이에게 서기 역할을 맡겨 보세요. 말한 내용을 정리·요약하는 능력이 눈에 띄게 좋아집니다.

가족회의의 주제는 일상 이야기, 먹고 싶은 음식, 여행 가고 싶은 곳을 정하는 것부터 이사 가기, 공부 이야기 나누기까지 다양합니다.

오늘 회의 주제: 스마트폰 사용시간 줄이기	
우리 가족 의견	1. 스마트폰을 많이 사용하면 늦게 자서 다음 날 피곤하다. 2. 스마트폰은 공부 집중력을 떨어뜨린다. 3. 스마트폰은 친구들과의 관계를 유지하는 데 필요하다. 4. 숙제를 할 때 스마트폰으로 모르는 걸 찾아볼 수 있다. 5. 스마트폰으로 가족 대화시간이 줄어들고 있다.
회의 결론	스마트폰 보관함을 만들어 평일에는 1시간, 주말에는 2시간만 이용한다.
다음 주제	다음 주 주말에 여행 가고 싶은 장소 정하기
확인	자녀 이름: 홍하나 (인) 부모 이름: 홍길동 (인), 김길자 (인)

아이가 갖고 싶은 물건이 있습니다. 부모님은 그 물건의 필요성을 느끼지 못하는 경우가 많습니다. 최근 유행하는 신발, 패딩, 액세서리 등을 사달라고 조르는 아이를 보며 고민이 깊어집니다. 자녀에게는 또래 문화로 마땅히 존중받아야 할 권리이지만, 부모 입장에서는 아이가 자기에게 필요하지도 않은 물건을 친구들을 따라 사고 싶어 하는 것 같아 보입니다.

이런 경우에는 먼저 아이에게 가족회의 신청서를 작성해 볼 기회를 주세요. 자식 이기는 부모는 없기에 결국 아이가 원하는 물건을 사 주게 되더라도, 아이의 의견을 적극적으로 들어 보는 건 중요합니다. 아이는 원하는 것을 갖기 위해 더 깊이 고민할 수 있고, 부모는 그에 대한 의견을 자연스럽게 전달할 수 있는 기회가 생기는 것이죠.

가족회의 신청서	
내용	□□ 운동화 사 주세요.
이유	1. □□ 운동화는 친구들 사이에서 유행하고 있는데, 저만 없어요. 2. □□ 운동화를 신으면 체육 수업을 더 잘할 수 있어요. 3. 지금 운동화가 많이 낡아서 새 운동화가 필요해요.
나의 다짐	운동화를 사 주시면 공부를 더 열심히 하겠습니다. 다짐을 어길 시 일주일에 한 번씩 화장실을 청소할게요!

테마
일기 쓰기

부담 없이 문해력을 키우는 최고의 방법

저학년의 글쓰기는 테마 일기 쓰기로 접근해 보는 것이 좋습니다. 테마 일기 쓰기란, 일기 쓰기와 글쓰기 교육의 효과를 높이기 위해 다양한 주제로 일기를 쓰며 글쓰기에 재미있게 접근하는 방법입니다. 1학년 2학기가 되면 학교에서 그림일기를 배웁니다. 날짜와 날씨를 쓰고 그림을 그립니다. 기억에 남는 일을 글로 씁니다. 아직 서툴지만 1~2문장씩 열심히 씁니다. 2, 3학년이 되면 아이들의 일기 쓰는 능력이 크게 발달합니다. 이 시기에 아이들 일기 쓰기를 적극적으로 해 보세요. 일기 쓰기는 저학년 학생에게 부담이 없으면서도 문해력을 키울 수 있는 좋은 방법입니다.

일기 쓰기는 기억에 남는 일을 쓰기 위해 그날의 일을 되돌아보고, 한 가지 사건에 집중합니다. 생각이 글로 표현되기 위해서 머릿속에서 스스로 수많은 피드백을 거칩니다. 적절한 표현 하나 쓰는데도 최소 10번은 생각이 뒤바뀌죠. 아이들에게 처음부터 무리하게 많은 일기를 쓰게 하는 것보다는 한 문장, 두 문장씩 차츰 늘려 보세요. 짧은 문장이라도 많은 생각을 거친 후 쓰는 게 문해력 발달에 도움이 됩니다.

아이가 "참 재미있었다."처럼 짧은 문장을 반복적으로 사용한다면 다음과 같이 문장에 살을 붙이는 연습을 합니다.

예) 수업시간이 참 재미있었다. → 수업시간에 노래를 불러서 재미있었다. → 수업시간에 내가 만든 노래를 불러서 하늘을 날아갈 것처럼 재미있었다.→ 수업시간에 내가 만든 노래를 불러서 하늘을 날아갈 것처럼 재미있어 다음에 또 하고 싶다.

한두 문장이라도 직접 많이 써 본 아이들이 다른 글을 읽을 때도 이해가 깊습니다. 아이가 문장은 길게 쓰는데 깊은 고민 없이 비슷한 내용을 빨리 쓰거나 단조로운 문장만 나열한다면 '과녁독서'로 되돌아가 보세요. 먼저 독서와 친해진 후 다시 글쓰기를 시작하는 것이 좋습니다.

다음은 일반적인 테마 일기 쓰기를 할 때 권장하는 분량입니다. 아이의 성향에 따라 내용을 늘리거나 줄여 탄력적으로 적용하세요.

학년별 테마 일기 쓰기 분량					
1학년	2학년	3학년	4학년	5학년	6학년
2~3문장	4~5문장	5줄 이상	7줄 이상	10줄 이상	12줄 이상

일기 쓰는 법

- 날짜와 요일, 날씨 쓰기(그리기도 괜찮아요.)
- 날씨에 대한 자신의 느낌 쓰기

  예) 햇볕이 따뜻해 행복해지는 날씨, 눈이 내려 깨끗해지는 마음 등
- 글감 떠올리기

  예) 지나가다가 본 꽃 한 송이, 오늘 본 영화, 먹은 음식, 부모님과 나눈 대화
- 제목 쓰기
- 글감 중 1가지를 정해 제목과 관련지어 쓰기
- 최대한 자세하게 쓰기

아이들에게 일기를 쓰라고 하면 쓸 내용이 없다는 하소연을 많이 합니다. 시간의 흐름에 따라 단조로운 일기도 많이 씁니다. 예를 들어 '아침에 일어나서 밥 먹고 학교에 다녀왔다. 저녁 먹고 책을 읽다가 잠을 잤다. 참 재미있었다.'와 같은 내용입니다.

일기는 하루의 모든 일을 쓰기보다는 기억에 남는 한 가지 사건에 집중해서 쓰는 것이 좋습니다. 학교에 다녀온 이야기를 아이와 나누다 보면 특별한 사건이 나오기 마련입니다. 놀이 시간에 친구들과

했던 놀이, 수업시간에 색칠했던 것, 큰소리로 발표한 것, 링 던지기를 했는데 10개 중 6개 성공한 것 등 소재는 무궁무진합니다. 이와 같은 다양한 소재를 대화를 통해 떠올리는 연습을 하며 더불어 글쓰기로 이어가 보세요. 친구들과 같이 한 놀이를 주제로 정했다면 놀이를 시작하게 된 이유, 놀이 방법, 놀이하며 있었던 일, 그때 나의 기분을 써 보는 겁니다. 의성어와 의태어를 활용하면 일기가 더욱 맛깔나게 읽힙니다.

9가지 테마 일기 쓰는 법

다음에 소개하는 9가지 테마 일기 쓰기 및 추천 주제는 기존 일기 쓰기에 흥미가 떨어진 아이들과 함께하기에 좋은 방법입니다. 예시처럼 요일마다 한 가지씩 주제를 정해 매일 글을 써 보세요. 소재가 무궁무진한 테마 일기는 아이가 글쓰기와 친숙해지는 데 많은 도움이 됩니다.

월요일	화요일	수요일	목요일	금요일	토요일	일요일
독서 일기	관심 분야 소개하기	교과 일기	관찰 일기	가족 일기	긍정 일기	감정 일기

글쓰기는 말 대신 글로 하는 의사소통입니다. 아이의 글을 보고 질문을 하거나 칭찬 혹은 댓글을 써 부모의 생각과 의견을 전하세요. 댓글을 쓸 때는 두루뭉술한 내용보다는 글과 관련 있게 구체적으로 쓰는 것이 좋습니다. 아이가 쓴 글의 내용을 확장하거나, 부모

또는 주변 환경과 관련시켜 보세요. 아이에게는 부모와 글로 소통하는 것도 하나의 재미로 느껴질 것입니다.

가끔 쓸 말이 잘 떠오르지 않을 때가 있습니다. 이때는 '일기 쓸 시간이 없었는데 대단해.', '오늘 피곤했을 텐데 일기를 열심히 쓰는 걸 보니 기특하네.'처럼 일기 쓰는 과정을 칭찬해 주어도 좋습니다.

① 독서 일기 쓰기

독서 일기는 기본 형식이 독후감과 비슷합니다. 기존 독후감은 지나치게 빈칸이 많아 아이들에게 부담을 주기 일쑤인데요. 그래서 독후감이 오히려 독서의 흥미를 떨어뜨리기도 합니다.

독서 일기는 독후감의 장점을 따와서 줄거리를 제외한, 책을 읽은 후 생각이나 느낌 또는 기억에 남는 문장을 2~3줄로 씁니다. 또한 다음에 읽을 책과 시기를 써서 독서의 흥미를 유지합니다. 책을 여러 권 읽는 것도 좋지만 독서 일기를 써 책의 내용을 한 번 더 되돌아보면 책을 조금 더 집중해서 읽을 수 있습니다.

날짜	도서명	저자명

기억에 남는 문장은?	
다음에 읽고 싶은 책은?	
언제 읽을 건가요?	

② 관심 분야 소개 글쓰기

아이들은 외모, 행동, 습관, 성격까지 모두 다릅니다. 마찬가지로 관심 분야 역시 다르며 계속 바뀝니다. 아이들은 세상에 신기한 것도 많고 관심도 많습니다. 관심 있는 분야를 이야기하고 소개하는 활동을 좋아합니다. 개미에 관심 있는 아이들은 개미를 관찰하고 키우자고 조르기도 합니다. 공룡에 관심 있는 아이들은 공룡과 관련된 모든 동화책을 다 읽고 공룡 피규어를 사기도 하죠. 레고를 좋아하는 아이는 멋진 결과물을 만들어 자랑하기도 하고, 책을 정말 좋아하는 아이들은 책을 함께 읽자고 말합니다. 이외에도 친구, 가족, 놀이공원, 게임, 연예인, 유튜버, 좋아하는 과목, 줄넘기, 축구, 음식 등 아이들의 관심사는 무수히 많습니다. 관심 분야를 소개하는 글쓰기를 할 때면 아이들의 눈이 반짝거립니다.

내가 좋아하는 것 소개하기	
① 내가 좋아하는 것	공룡 장난감
② 좋아하는 이유	다양한 공룡이 신기하고, 보면 기분이 좋아진다.
③ 소개할 내용은?	다양한 공룡의 이름과 특징
④ 소개하기	제가 좋아하는 공룡들을 소개합니다. 공룡 중 가장 강한 공룡은 티라노사우르스입니다. 힘도 세고 후각도 뛰어나 다른 공룡들을 잡아먹어요. 프테라노돈은 하늘을 나는 공룡입니다. 물고기를 잡아먹어요. 트리케라톱스는 머리에 3개의 뿔이 있으며 몸집이 매우 큽니다. 안킬로사우르스는 딱딱한 뼈로 된 갑옷으로 덮여 있고 꼬리 힘이 매우 셉니다. 브라키오사우르스는 공룡 중 가장 무겁고 아기공룡 둘리의 엄마로 TV에 나왔습니다.

| ⑤ 더 알고 싶은 점 | 공룡이 전시된 공룡박물관에 가서 더 큰 모습의 공룡을 보고 싶어요. 엄마 아빠, 꼭 같이 가요. |

③ 교과 일기

초등학교 1~2학년 아이들은 국어, 수학, 통합교과(봄, 여름, 가을, 겨울), 안전한 생활 등 총 4개 교과목을 배웁니다. 우리가 어릴 때 배우던 바른 생활, 즐거운 생활, 슬기로운 생활은 통합교과 하나로 합쳐졌습니다. 3~4학년이 배우는 과목은 많이 늘어나 국어, 수학, 사회, 과학, 영어, 음악, 미술, 체육, 도덕 등 총 9과목을 배웁니다. 5~6학년은 실과가 추가되어 총 10과목을 배웁니다. 점차 늘어나는 교과목은 종류와 무게부터 압박감이 있습니다. 3학년 때 배우는 과목이 2배 넘게 늘어나며 학습 부담을 느끼는 아이들도 많아집니다.

신나는 수학 일기	
① 주제	분수의 덧셈
② 공부한 내용	오늘 학교에서 분수의 덧셈에 대해 배웠다. 분모가 같은 숫자끼리는 분자끼리 더해 계산할 수 있다.
③ 일기 쓰기	동생이 피자를 먹고 싶다고 해서 피자를 시켰다. 피자는 총 8조각으로 나누어져 있었다. 8조각 중 4조각을 아빠와 엄마가, 3조각을 동생과 내가 먹었다. 배운 내용으로 계산해 보면 $\frac{4}{8}+\frac{3}{8}=\frac{7}{8}$이다. 정말 배운 대로 8조각 중 1조각인 $\frac{1}{8}$이 남았다. 수학이 실생활에서도 쓰인다니 신기했다. 배운 내용을 부모님께 이야기했더니 칭찬을 많이 들었다. 기분이 으쓱해졌다. 수학 공부를 더 열심히 해야겠고, 맛있는 피자를 다음에 또 먹어야겠다는 생각이 든다.

교과 일기는 아이들의 이런 학습 부담을 줄이고 글쓰기도 배울 수 있게 합니다. 우선, 아이가 좋아하는 과목 1가지를 선정합니다. 선정한 교과에서 아이가 주제를 1가지 정한 뒤 일기를 씁니다. 국어 시간에 배운 시, 사회 시간에 배운 주제, 도덕 시간에 있었던 일, 과학 실험으로 알게 된 점 등을 일기로 써 볼 수 있습니다.

④ 가족 일기

앞에서 간단히 소개했던 가족 일기는 한 권의 공책에 "○○이네 가족 일기"라고 제목을 쓰는 것으로 시작됩니다. 가족 구성원당 일주일에 한 번씩 일기장에 일기를 써 보세요. 엄마는 화요일, 아빠는 금요일, 아이는 일요일에 쓰는 것으로, 서로 하루 이상의 간격이 있으면 좋습니다. 일기의 주제에는 꼭 '가족'이 포함되어야 합니다. 함께 여행한 일, 서운했던 일, 고마웠던 일, 바라는 점, 궁금한 점, 기억에 남는 일 등 가족의 소소한 일부터 큰 행사까지 모두 쓸 수 있습니다. 궁금한 점을 질문으로 남겼다면 대답도 가족 일기장에 써 주세요.

여름이네 가족 일기	
날짜: 2022년 1월 17일	글쓴이: 김여름
오늘 부모님을 도와서 저녁준비를 했다. 상추 씻기밖에 한 게 없지만, 나도 도움이 될 수 있어서 기뻤다. 엄마가 크게 싸 준 쌈은 입안을 가득히 채웠다. 입에서 살살 녹을 만큼 정말 맛있었고, 아빠가 고기를 맛있게 구워 주셔서 감사했다. 엄마! 아빠! 저녁 먹을 때마다 술을 드시는데 건강에 좋지 않아요. 안 마시거나 조금만 마시면 안 될까요?	

엄마: 그렇게 걱정하는 줄 몰랐었네. 앞으로는 술 마시는 횟수를 줄일게.	
날짜: 2022년 1월 19일	**글쓴이: 엄마**
오늘 우리 가족은 다 같이 보드게임을 한 시간 넘게 했다. 여름이와 엄마는 힘을 합쳐 아빠를 공략했다. 아빠는 속절없이 무너졌고, 꼴등을 하게 되었다. 여름이와 하이파이브를 하고 침울한 아빠의 표정을 보니 고소했다. 평소 아빠가 항상 1등을 하고 우쭐대는 모습이 다소 얄미웠기 때문이다. 다음에 우리 가족 여행은 어디로 가면 좋을까요?	
아빠: 가족 여행은 바다를 보러 서해안에 가면 어떨까요?	
날짜: 2022년 1월 22일	**글쓴이: 아빠**
밤부터 내린 눈이 소복이 쌓여 온 세상이 하얗게 변했다. 가족이 함께 옷을 여러 겹 껴입고 집 앞에서 눈을 굴리기 시작했다. 큰 원을 두 개 만들어 쌓아 올리고, 나뭇가지와 돌을 이용해 장식했다. 멋진 눈사람이 완성되었고, 가족이 함께 기념사진도 남겼다. 만드는 도중 여름이가 던진 눈에 다리를 맞아 반격했는데, 그만 얼굴에 맞춰 버리고 말았다. 여름아, 다시 한번 미안해! 일부러 그런 건 아니야! 용서해 줄 거지?	
김여름: 바다 좋아요!	

⑤ 관찰 일기

아이들은 호기심이 많습니다. 독서를 통해 어휘력이 증가함에 따라 문장 구성력도 점차 높아지고 길이도 길어집니다. 감정 표현과 자기 생각을 표현하는 능력도 생겨납니다. 관찰력은 우리 아이의 센스를 길러 주기도 합니다. 주변 사람들의 표정, 행동, 말투에서 얻은 정보로 감정을 추측하고 표현해 감수성도 기를 수 있습니다. 더불어 살아가는 사회에서 필수 능력이죠.

아이의 관찰력을 기르기 위해 먼저 날씨를 구체적으로 표현해 보세요. 찬바람이 부는 계절, 피부에 바람이 닿는 느낌, 구름 한 점 없는 하늘, 따사로운 햇볕 등 구체적인 표현을 써 보는 것입니다. 그리고 관찰 주제를 정해 보세요. 동물 관찰하기, 엄마 관찰하기, 내 방 관찰하기, 풍경 관찰하기 등 주제를 정합니다. 관찰한 내용을 자세히 글로 쓸 때는 눈으로 보이는 특징 외에도 더 알고 싶은 내용을 조사해서 써 볼 수 있습니다. 자신의 생각과 느낌도 함께 쓰고 관찰한 대상의 사진도 붙여 두세요. 가족이 읽어 보면 즐거운 활동이 됩니다.

관찰 일기	
날짜: 2022년 1월 18일	글쓴이: 김바다
날씨: 얼굴이 따끔거릴 정도로 찬 바람이 부는 날	
관찰 주제: 멀리서 바라본 내 방	

오늘은 내 방을 멀리서 바라보기로 마음먹었다. 멀리서 바라보니 평소에 부모님께서 항상 돼지우리라고 했던 게 조금은 이해가 되는 것 같았다. 널브러진 겉옷, 먹다 남은 과자 부스러기가 가득한 책상, 바닥에 굴러다니는 동전을 보니 청소가 필요할 것 같다. 그래도 나름 옷장은 잘 정리되어 있었다. 지난번에 계절별로 옷을 정리한 덕분이다. 의자에 걸어 놓은 옷도 없다. 하지만 책장을 보니 문제집과 교과서, 책들이 뒤섞여 보기에 좋지 않은 것 같다. 종류별로 정리하면 좋을 것 같다. 컴퓨터는 사용할 때만 콘센트에 전원을 켜고 사용해 전기를 절약해야겠다.

⑥ '잘했어, 괜찮아' 일기 쓰기

누구나 다른 사람에게 위로와 존중을 받고 싶어 합니다. 아이들은 더욱 명확하게 표현하죠. 하지만 모든 순간에 다 위로받기는 불가능합니다. 상대방이 위로할 생각이 없거나 바쁘거나 피하거나 무시할 수도 있죠. 때론 말로 표현하기 민망한 수준의 일이 있기도 합니다.

정말 열심히 했는데 실패하거나, 공부를 열심히 했는데 많이 틀렸을 수도 있습니다. 아이들이 자라며 풀리지 않고 쌓인 감정이 성격으로 형성되기도 합니다. '잘했어, 괜찮아' 일기를 통해 감정을 해소하는 경험을 만들어 주세요. 스트레스가 심하게 쌓였을 때 누군가에게 하소연하면 풀리는 것처럼 글 쓰는 것도 비슷한 역할을 합니다. 이때, 아이가 쓴 일기를 보며 감정에 공감해 주는 것도 잊지 마세요.

잘했어, 괜찮아 일기	
날짜: 2022년 2월 12일	글쓴이: 김하늘

제목: 하늘아 잘했어, 괜찮아

오늘 학교 사회 시간에 모둠 활동을 했다. 모둠 활동 중 철수가 너무 시끄럽게 떠들고 해야 할 일을 하지 않았다. "철수야, 떠들지 말고 이거 해야지."라고 말했다. 하지만 철수는 들은 척도 하지 않고 더 시끄럽게 떠들었다. 선생님께 가서 이야기하고 철수는 혼이 나 풀이 죽은 채 자리로 돌아왔다. 철수는 수업시간이 끝나고 쉬는 시간에 씩씩대며 나한테 "너 때문에 혼났잖아."라고 화를 냈다. "네가 잘못한 거잖아."라고 맞대응했지만, 아직도 철수의 행동이 이해되지 않는다.

 하늘아 잘했어, 괜찮아. 친구가 잘못하고 있으면 그렇게 말하는 거야. 다음에도 잘못된 게 있으면 꼭 이야기해 주자. 철수랑은 곧 사이가 좋아질 테니까. 물론 서로 기분 나쁘지 않은 방법이 있는지도 찾아봐야지.

⑦ 긍정 일기 쓰기

아이들은 대중매체와 유튜브, 학교, 놀이터, 학원, 또래 문화 등을 통해 은어·비속어를 많이 접합니다. 은어와 비속어가 좋지 않은 언어라고 알고 있어 대부분은 사용하지 않지만, 무의식중에 튀어나오거나 일상생활에서 말할 때도 있습니다. 언어는 인격을 드러냅니다.

더 나아가 언어는 인격을 만들어 내기도 합니다.

은어와 비속어의 대부분은 '부정형 단어'입니다. 부정적인 말을 많이 사용할 경우 부정적인 생각이 자라나 우울감을 느끼거나 열심히 하고자 하는 의지를 꺾어 버립니다. 반대로 '긍정형 단어'를 많이 사용한 아이들은 세상을 밝고 긍정적으로 바라봅니다. 주어진 상황은 극복할 수 있고, 주변에도 긍정의 에너지를 발산하죠.

긍정형 단어는 일상생활 속에서 부모와 친구들과 이야기하며 자연스럽게 체득할 수 있습니다. 이때 가장 조심해야 할 두 가지는 유튜브와 친구 관계입니다. 아이들과 대화를 나누어 보면 주로 유튜브와 친구 관계를 통해 나쁜 말을 배운다고 말합니다. 이 두 가지에 관심을 기울여 유튜브를 올바로 사용하고 친구들과 좋은 관계를 맺을 수 있게 해 주세요.

부모의 긍정에너지도 아이에게 자연스럽게 전해집니다. 우리가 사용하는 언어에는 말을 하는 '언어적 표현'과 몸짓, 행동, 표정 등으로 드러나는 '비언어적 표현'이 있습니다. 아이들은 부모의 언어적 표현뿐만 아니라 비언어적 표현도 보고 배웁니다. 주변 사람들과의 관계, 인사하기, 부모님과 할머니, 할아버지와의 관계, 부모의 과격한 행동 등을 따라 합니다.

말하기뿐만 아니라 긍정 일기 쓰기를 통해 우리 아이가 긍정형 단어를 최대한 많이 사용할 기회를 주세요. 많이 사용하면 익숙해지는 것처럼, 긍정형 단어를 많이 쓸수록 아이가 긍정적으로 변해 가는 모습을 볼 수 있습니다. 긍정 일기에서는 부정형 단어를 사용할 수 없습니다. 긍정형 단어로 가득 찬 글쓰기를 해 보세요.

긍정 일기	
날짜: 2022년 3월 1일	글쓴이: 김미소

제목: 놀이터 천국

오늘은 학교가 5교시 수업을 하는 날이다. 급식을 맛있게 먹고 수학 수업을 들었다. 마지막으로 알림장을 검사 맡고 "선생님, 안녕히 계세요."를 외치며 들뜬 마음으로 교실을 나섰다. 오늘 준우랑 함께 놀이터에 가기로 했기 때문이다. 준우랑 손을 잡고 학교 앞 놀이터로 갔다. 이미 놀고 있는 친구들이 많아 차례를 기다려 놀이기구를 탔다. 흔들흔들 그네도 타고, 쿵쿵 시소도 탔다. 시소를 타고 정글짐을 하러 가는 중 모르는 남자아이가 던진 모래에 맞았다. 아이가 일부러 던진 건 아닐 거라 생각하며 차분하게 물어보았다. 실수라고 말하며 착하게 사과를 했다. 차분하게 말했더니 돌아오는 말도 착했던 것 같다. 앞으로도 말을 예쁘게 하려고 노력해야겠다. 매일 오늘처럼 즐겁고 행복했으면 좋겠다.

⑧ 감정 일기 쓰기

"열 길 물속은 알아도 한 길 사람 속은 모른다."라는 속담이 있지요. 다른 사람의 마음을 알기란 어렵습니다. 사람의 생각은 지금 이 순간에도 수시로 변하기 때문이죠. 하물며 내 마음도 정확히 알기가 어렵습니다. 어떨 때 보면 좋은 사람 같기도 하고, 약간 이상한 사람처럼 느껴지기도 하죠. 다행히도 성인은 어릴 때부터 겪은 감정의 혼란스러움에 익숙해져 자신에 관한 생각이 나름 확고해집니다.

아이들은 이와 같은 과정을 현재 겪고 있는 중입니다. 자신에 대해서나 자신이 현재 느끼는 감정이 무엇인지도 잘 모릅니다. 그래서 혼란스러워할 때가 많습니다. 부모나 친구와 갈등을 빚기도 하지요. 이 시기에 감정 일기 쓰기는 아이 스스로 자신의 행동과 감정을 돌아보는 데 결정적인 역할을 합니다. '내 감정을 이해'하는 데 큰 도움을 주죠. 나의 감정을 이해함으로써 나의 행동과 언어를 되돌아보고 더 나아가 타인의 감정을 이해하는 밑거름이 되기도 합니다. 감정을 올바르게 이해한다면 글쓰기 능력뿐 아니라 자존감 형성에도 도움이 됩니다.

감정 일기는 자신의 감정을 객관적으로 바라보는 것을 목표로 합니다. 아이들에게 "오늘 기분은 어때?"라고 물어보면, "좋아", "별로야", "몰라" 정도의 대답이 주로 나옵니다. 아이의 감정을 숫자, 동물, 색, 온도 등 다양한 방법으로 표현하게 합니다. 그러면 아까와는 다르게 단답식이 아닌 좀 더 다양한 대답이 나옵니다. 자신이 말한 동물과 기분을 연관 짓기 위해 더 많은 고민을 하고 내용을 풀어내기 때문이죠. 숫자는 1에서 10까지, 온도는 정상체온인 36.5도를 중심으로 30~40도로 표현해 보세요. 화가 많이 나 있을 경우 100도를 말하는 경우도 있습니다. 감정은 표현하면 해소됩니다. 감정 일기를 통해 글쓰기와 기분 전환을 함께해 보세요.

감정 일기 쓰기	
날짜: 2023년 4월 5일	글쓴이: 김샛별

오늘의 동물: 사자

오늘 나의 기분은 밀림에 있는 한 마리의 수사자 같다. 평소에는 순한 양처럼 엄마 말씀도 잘 듣고 공부도 열심히 했는데, 학원을 한 번 안 갔다고 엄청나게 혼났기 때문이다. 오늘은 민찬이가 자기 집에 오면 치킨을 사 준다고 해서 학원 갈 시간이 지난 줄 모르고 게임도 하고 치킨도 먹었다. 그러던 중 생각이 나서 휴대폰을 봤더니 엄마의 부재중 전화 5통, 학원 부재중 전화 2통이 와 있었다. 눈앞이 아찔했다. 우선 엄마한테 전화를 걸었더니 다짜고짜 엄청나게 화를 냈다. 잘못한 건 알지만 한 번 실수한 건데 너무 속상했다. 수사자처럼 크게 포효하고 싶다. "한 번 그런 건데 너무 화를 내는 거 아닌가요!!!"라고 말이다.

⑨ 상상 글쓰기

4차 산업혁명 시대에는 상상력과 창의력이 뛰어난 인재가 더욱 주목받을 것이라 예측합니다. 그런데 우리의 현실은 그렇지가 못합니다. 호기심이 왕성하던 아이들도 초등학교 2, 3학년을 기점으로 점차 질문이 줄어들기 시작해 4학년부터는 본격적으로 궁금증이 감소합니다. 심지어 새롭게 알게 되는 정보에 대한 흥미와 호기심도 감소하지요. 이와 같은 시기에 상상 글쓰기는 아이들의 호기심을 계속 유지시키는 데 도움을 줍니다. '만약 ~라면' 질문 하나로 궁금증과 글쓰기 능력 둘 다 잡을 수 있습니다.

상상 글쓰기는 주변 인물로 시작해 보세요. 엄마, 아빠, 할머니, 할아버지, 형, 누나, 언니, 오빠, 동생, 사촌 등 가까운 인물에서 시작하면 좋습니다. 그리고 점차 주변 인물과 직업으로 확장합니다. 제빵

사, 경찰, 선생님, 편의점 점주, 분식집 사장님, PC방 사장님, 소방관, 대통령 등 다양한 직업을 상상해 보세요. 인물과 직업을 상상하며 상대방의 감정, 직업에 대한 이해의 폭을 넓히는 데도 도움이 됩니다.

인물과 직업에 대한 상상 글쓰기가 끝나면 동물로 넘어가 보세요. 강아지, 고양이 등 길에서 쉽게 볼 수 있는 동물에서 시작해 동물원에서 볼 수 있는 기린, 코끼리, 사자, 호랑이, 원숭이, 사막여우 등으로 확장해 보세요. 아쿠아리움에서 보는 물고기, 돌고래, 상어 등 수상생물도 좋은 글감이 됩니다. '내가 만약 고양이라면?'이라는 주제로 글쓰기를 하면 아이들은 고양이의 특성, 길에서 길고양이를 본 경험 등을 떠올립니다. 그리고 검색을 통해 생김새나 특성을 자세히 알아보기도 하죠. 고양이의 애환을 담은 글도 종종 보입니다. 아이들이 생명을 아끼고 사랑하는 마음도 덩달아 기를 수 있죠.

인물과 동물에 대한 상상 일기를 끝마치면 사물을 주제로 글을 써 보는 것도 좋습니다. 지우개, 연필, 사인펜, 색연필, 클립, 스테이플러 등 자주 보이는 학용품으로 시작해 보세요. 평소 애착이 있는 물건이면 글쓰기에 몰입하는 데 더욱 도움이 됩니다. 인형, 장난감, 아끼는 책 등이 소재가 될 수 있습니다. 그리고 TV, 스마트폰, 전자레인지, 냉장고 등 전자제품이나, 냄비, 수저, 프라이팬, 뜰채, 바가지 등 주방용품에 대한 글을 써도 재미있습니다.

사물 글쓰기를 마치면 마지막 단계인 사회 글쓰기를 해 보세요. 사회 글쓰기는 3학년 이상 아이들에게 적합한 방법입니다. 여러 사회·자연적 현상이나 이슈들을 읽고 '내가 만약 그 상황 속에 있다면?'으로 글쓰기를 합니다. 아이들이 피부로 느끼는 내용을 주제로 선정하면 좋습니다. 예를 들면, 미세먼지로 체육활동을 하기 어려운 상황을 주제로 써 보는 것입니다. '만약 미세먼지가 심한 날 체육활동을 한다면 어떻게 할 수 있을까?'와 같이 아이 눈높이에 맞춘 주제로 풀어내 보세요. 코로나로 인해 활동 제약이 많은 시대를 주제로 쓴다면, '만약 코로나가 한순간에 없어진다면?'으로 풀어낼 수도 있습니다.

상상 글쓰기는 아이들에게 낯선 것과 새로운 것에 대한 도전의 재미를 느끼게 해 줍니다. 매일 반복되는 하루에 주어진 작은 변화는 두뇌 발달을 자극합니다. 일주일에 한 번, 점차 두세 번씩으로 늘리고, 처음에는 3줄로 시작해 7줄, 10줄까지 상상 글쓰기를 늘려가다 보면 우리 아이의 글쓰기 능력과 상상력이 더욱 향상될 것입니다. 상상 글쓰기는 결과물을 발표하거나 게시해 보는 것도 좋은 경험이 됩니다. 한 가지 주제를 가족이 함께 써 보면 색다른 재미를 느낄 수 있습니다.

테마 일기 추천 주제 15가지

- 내가 좋아하는 색깔과 이유 쓰기
- 내 감정을 동물 또는 색깔로 표현하고 이유 쓰기
- 내가 꼭 가지고 싶은 물건과 이유 쓰기
- 가족이나 친구 소개하는 글쓰기
- 부모님, 친구들과의 놀이 등 놀이 활동 일기 쓰기
- 책을 보고 나서 줄거리와 느낀 점 글쓰기
- 조부모나 친척에게 편지 써 보기
- 내가 좋아하는 음식 소개하는 글쓰기
- 가족과 함께 떠난 여행 소감문 쓰기
- 내가 잘하는(좋아하는) 것 5가지 써 보기
- 궁금하고 더 알고 싶은 내용을 모두 모은 호기심 일기
- 영화나 TV를 보고 난 후 감상문 쓰기
- 내가 만약 ○○이 된다면? '내가 만약' 일기 써 보기

  예) 엄마, 강아지, 투명인간, 아이언맨 등

- 기쁨, 슬픔, 신남, 우울 등 감정을 주제로 감정 글쓰기
- 하루 중 감사했던 일 한 가지씩 써 보는 감사 일기

오감을 활용한
글쓰기

감각 글쓰기로 글맛을 살린다

감각 글쓰기는 5개의 범주로 나누어 사고하는 법을 익힙니다. 감각적 표현을 익힐 때 활용하는 방법을 조금 더 구체적으로 글쓰기 활동에 적용하는 방법입니다. 영역을 나누어 내용을 떠올리면 소재를 떠올리고 구성하는 데 도움을 줍니다. 감각 글쓰기는 사람의 다섯 가지 감각을 활용해 글쓰기를 좀 더 맛깔나게 해 줍니다.

오감은 시각, 청각, 후각, 촉각, 미각 다섯 가지입니다. 감각 글쓰기에서의 촉각은 느꼈던 감정까지 포함하며, 미각은 입으로 말한 내용까지 포함합니다. 오감에서 조금 더 발전된 육감을 활용한 글쓰기도 해 볼 수 있습니다. 육감은 오감에 포함되지 않는 내용 중 과학적으로 설명되지 않는 직감을 뜻하죠.

우리는 눈으로 보고, 귀로 듣고, 손으로 만지고, 냄새를 맡고, 맛을 보며 세상을 탐구합니다. 오감을 통해 입력된 정보는 뇌로 들어갑니다. 뇌에서 판단을 내리고 각 신경 기관을 통해 신체 기관으로 전달됩니다. '저 연필을 집어라.', '뛰어 가자.'와 같은 단순한 행동은 즉각적인 명령으로 가능합니다. 행동과 달리 말로 표현할 때는 뇌의 일회성 명령으로 불가능합니다. 우리는 글을 쓸 때 계속 되뇌고 수정해 가면서 한 문장으로 의견을 표현합니다.

감각 글쓰기의 기초는 오감 떠올리기입니다. 다음의 그림과 같이 우리의 오감을 영역별로 나눕니다. 가운데 다섯 가지 감각을 쓰고 주변을 채워 보세요. 짧은 단어나 문장, 관용어, 의태어, 문장부호, 그림 등 어떤 내용도 좋습니다. 아이의 성향에 따라 다양하게 표현해 볼 수 있습니다. 아이가 감각 글쓰기에 익숙해졌다면 아래 예시처럼 쓸 수 있도록 연습해 보세요. 오감 떠올리기를 할 때 눈을 감고 떠올리거나 이야기를 나누며 생각하면 더 효과적입니다. 감각 글쓰기 예시(150쪽)처럼 글을 더욱 맛깔나게 합니다. 오감을 모두 떠올린 다음 내용을 조합해 멋진 글쓰기를 완성해 보세요. 글을 길게 쓰지 못하던 아이의 글이 길어지고 내용도 다양한 빛깔을 띠게 됩니다. 예시 표를 활용해 아이와 함께 감각 글쓰기를 해 보세요.

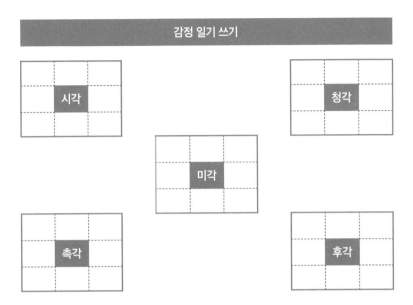

감정 일기 쓰기

	시각	

	청각	

	미각	

	촉각	

	후각	

아이와 함께 놀이공원에 놀러 갔다 온 일을 감각 글쓰기로 표현해 보세요. 생각나는 단어들을 떠올려 감각 글쓰기 표에 하나씩 써 보는 겁니다. '솜사탕'이 떠오르면 '달콤한 솜사탕'을 미각에 쓰거나, '몽실 몽실 솜사탕'을 시각에 쓸 수도 있습니다. 맛있는 김밥은 '고소한 김 밥 냄새'로 후각에 쓰거나 '아삭아삭 맛있는 김밥'을 청각과 미각에 쓸 수도 있습니다. 또는 '속이 가득 찬 김밥'처럼 시각에 쓸 수도 있습 니다.

감각 글쓰기 예시

부드러운 장미꽃	따끈한 핫도그	촉촉한 빗방울
아쉬운 마음에 머리를 긁적였다.	촉각	보드라운 곰 인형
차가운 사이다	울퉁불퉁한 바위 틈바구니	움푹 팬 도로 위를 걸었다.

음식 냄새에 침이 꼴깍 넘어간다.	손가락을 쪽쪽 빨았다.	달콤한 솜사탕
맵싸한 청양고추	미각	짭조름한 과자
톡 쏘는 사이다	물컹물컹한 오징어 다리	한입 가득 베어 문 핫도그

멀리 보이는 바이킹	눈앞에 있는 핫도그 가게	막히는 길
'기상 관계로 더 이상 운행하지 않습니다' 표지판	시각	머리를 가리고 헐레벌떡 뛰어다니는 사람들
시계탑의 시계가 오후 5시를 가리켰다.	지나가는 아이들의 형형색색 동물 머리띠	눈이 휘둥그레질 정도로 많은 장난감

향긋한 꽃 냄새	킁킁 냄새를 맡았다.	고소한 핫도그 냄새
어디선가 처음 맡아보는 냄새가 났다.	후각	시원한 바람이 코끝을 찔렀다.
시원한 비 냄새	기름 넣을 때 나는 좋지 않은 기름 냄새	코를 찌르는 쓰레기통 냄새

놀이기구에 탄 사람들의 비명 소리	'쿵쿵' 범퍼카들이 서로 부딪치는 소리	아빠: "범퍼카 타러 갈까?"
흥겨운 노랫소리와 함께 퍼레이드가 시작됐다.	청각	갑자기 들리는 투둑투둑 빗소리
아빠: "이 정도는 타야지!"	엄마: "배고픈데 김밥 먹을까?"	문밖에서 나는 소리

엄마 아빠와 함께 오감 떠올리기의 빈칸을 채워 넣고 감각 글쓰기를 해 보세요. 5가지 영역으로 나누어 떠올려 보면 아이들이 긴 글을 쓰기에 부담 없이 접근할 수 있습니다. 영역별로 내용이 중복되어도 상관없습니다. '김밥 먹은 일' 하나로 시각, 후각, 청각에 서로 다른 내용을 쓸 수 있기 때문이죠. 감각 글쓰기 표에 쓴 내용 모두를 활용하면 더욱 길고 멋진 글이 완성됩니다.

자신이 보고 느낀 것을 자세히 쓰는 연습을 통해 글에 생동감이 더해지고 사고의 확장을 경험할 수 있습니다. 아이들은 무엇보다 '재미'있는 활동에 초점을 둡니다. 많은 학생이 글쓰기가 재미없다고 말합니다. 글을 쓸 때 문장과 문장을 재미있게 연결 짓기보다는 경험했던 일만 나열하는 경우가 많습니다. 글쓰기는 글을 통해 '나'를 드러내는 일입니다. 생동감 넘치는 감각 글쓰기로 우리 아이 글쓰기 자신감을 길러 보세요.

아이들이 글쓰기를 할 때 가장 어려워하는 점이 글감 찾기와 내용

구성하기입니다. 이처럼 오감에 따라 쓸 내용을 미리 써 두면 긴 글도 쉽게 써 내려갈 수 있습니다. 감각 글쓰기로 긴 글을 쓰는 데 자신

감각 글쓰기 예시

오늘은 드디어 기다리던 놀이공원에 가는 날이다. 아침에 밖에서 **소리가 나서 문을 빼꼼 열어 보니** 엄마와 아빠가 **맛있는 김밥을 싸고 있었다. 고소한 냄새가 방까지 솔솔 풍겨왔다.** "엄마" 하고 부르며 식**탁으로 달려갔다. 아침을 맛있게 먹었다.** 드디어 출발! 가는 길에 주유소에 들렀다. 주요소에 가면 항상 **좋지 않은 냄새가 나지만** 오늘은 이상하게 기분이 좋다. 도착해 가장 먼저 바이킹을 타자고 졸랐다. 걷다 보니 저 멀리 **바이킹이 보였다.** 막상 타려니 심장이 쿵쾅댔다. 아빠는 "이 정도는 타야지! 많이 컸으니깐 안 무섭지?"라고 **말했다.** 나는 씩씩한 척하려고 "응, 당연하지."라고 **대답했다.** 무서웠지만 놀이기구를 타고 나니 기분이 좋아졌다. 엄마는 "범퍼카 타러 갈래?"라고 **물어보았고,** 나는 "좋아요."라고 **대답했다.**

다음 놀이기구인 범퍼카를 타러 가는데 **고소한 핫도그 냄새가 났다. 고개를 돌려보니 눈앞에 핫도그 가게가 보였다. 침이 꼴깍 넘어갔다.** 눈치가 빠른 아빠는 "핫도그 먹을래?"라고 **물어봤다.** 나는 "핫도그 사 주세요!"라고 **대답했다.** 시원한 사이다와 함께 아빠가 사 준 핫도그를 맛있게 먹었다. 범퍼카를 타러 가니 '쿵쿵' 범퍼카들이 서로 부

딪치는 소리가 들렸다. 범퍼카를 즐겁게 타고 다음 놀이기구를 타러 가려는데 길에 걷는 아이들의 **형형색색 동물 머리띠가** 눈에 들어왔다. "엄마! 나 저거 사 주세요."라고 졸랐다. 엄마는 "지난번에 사 준 것도 집에 가서 안 하고 버렸잖아. 안 돼."라고 **말했다.** 아쉬웠지만, 핫도그를 먹었으니 괜찮다고 생각했다. 장난감 가게에는 **눈이 휘둥 그레질 정도로 많은 장난감이** 있었다. '이따가 아빠한테 몰래 하나 사달라고 해야지.'라고 생각했다. 엄마는 놀이공원에 **핀 꽃에서 향긋한 냄새가** 난다며 맡아 보라고 했다. 다 함께 향기를 맡고 옆에 있는 곰 인형 탈을 쓴 아저씨와 함께 **기념사진도 찍었다.** 신기해서 탈을 만져 보니 보드라운 느낌이었다.

방송에서 "이제 퍼레이드가 시작됩니다."라는 멘트가 나왔고, 흥겨운 노랫소리와 함께 퍼레이드가 시작됐다. 퍼레이드를 구경하고 롤러코스터를 타러 가려는데 갑자기 **투둑투둑 빗소리가** 들렸다. 사람들은 헐레벌떡 머리를 가리고 뛰어다녔고, 놀이기구에는 '기상 관계로 더 이상 운행하지 않습니다.'라는 표지판이 붙었다. 엄마와 아빠는 이제 집에 가야 할 것 같다고 **말했다.** 시계탑의 시계는 5시를 가리키고 있었다. 아쉽게도 비가 너무 많이 내려 길도 막힐 것 같아 집에 가기로 했다. '다음에 꼭 다시 와야지.' 다짐하며 놀이공원 여행을 끝마쳤다.

생각을 확장하는
거미줄 글쓰기

국어 교과서에 나오는 '생각 그물'

거미줄은 마인드맵으로 잘 알려져 있습니다. 생각은 꼬리에 꼬리를 물기 때문에 거미줄 글쓰기를 통해 생각을 더욱 확장하는 방법을 알 수 있습니다. 국어 교과서에는 '생각 그물'로 제시됩니다. 이 방법은 다양한 생각을 이어가며 서로 관련지을 때 유용합니다. 생각과 생각을 관련짓는 것은 창의력의 원동력이자 꽃입니다. 거미줄 글쓰기는 글쓰기가 익숙해진 아이들이 하기에 적당한 활동입니다. 일기보다는 자신의 생각, 관심 분야, 주장하는 글 등을 쓸 때 더욱 유용합니다.

고학년이 되면 학교에서 긴 글을 쓰는 일이 많아집니다. 교과서 한쪽이 시원하게 비어 있고 거기에 글을 써 보라고 하는데요. 그럴 때면 저마다 "선생님, 이거 꼭 다 채워야 해요?", "2줄 정도 남았는

데, 괜찮을까요?"라고 꼭 물어보곤 합니다.

이때 아이들이 글쓰기와 친해지게 하는 것은 중요한 일입니다. 생각하는 훈련이 초등학교 때 이루어지지 않는다면 글쓰기는 점점 더 어려워지고 하기 싫어지죠. 더불어 문해력도 퇴화할 수 있습니다.

거미줄 글쓰기로 생각이 꼬리에 꼬리를 문다

거미줄 글쓰기는 떠오르는 한 가지 주제를 그물로 엮어 생각이 꼬리에 꼬리를 물게 하는 방법입니다. 학교 수업시간에 '내가 만약 일제강점기 시대의 독립운동가였다면?'이라는 글쓰기를 하는 경우를 떠올린다면, 글쓰기가 다소 부담스러울 수 있습니다. 가운데 표에 제목을 쓰고, '유관순 열사의 3·1 운동', '나라면 할 수 있었을까? 무서웠을 것 같다.', '나라를 위해 목숨 바친 분들께 감사해야겠다.' 등 쓸 내용을 미리 정리해 보면 조금 더 구체적이고 논리적인 글쓰기가 가능해집니다. 하나의 글쓰기 흐름을 미리 만들어 보는 셈이죠.

다음 내용은 거미줄을 통해 일기를 쓰는 방법입니다.

8. 동생에게 책을 읽어 줬다.	1. 늦잠 자서 헐레벌떡 학교에 갔다.	2. 아침 독서시간에 마음 자판기 책을 읽었다.
7. 집에서 엄마, 아빠와 보드게임을 했다.	기억에 남는 일	3. 수업시간에 발표를 3번 했다.
6. 학교 끝나고 현성이네 집에 가서 게임을 했다.	5. 도덕 시간에 역할극을 했다.	4. 급식시간에 맛있는 함박스테이크가 나왔다.

거미줄로 그날 있었던 일을 떠올렸습니다. 위의 거미줄 표로 일기를 쓴다면, 평소에 쓰는 일기와 무엇이 달라질까요? 오히려 더 단조로운 일기를 쓰게 될 수도 있습니다. 생각의 구체화를 위해 거미줄을 2~3번 더 적용해 보세요. 이번에는 빈칸을 좀 더 구체적으로 써 보면 좋습니다. 위에 쓴 기억에 남는 일(1~8번) 중 한 가지를 뽑아 다시 한번 표를 만들어 보세요. 만약 4번(급식시간에 맛있는 함박스테이크가 나왔다.)을 뽑아서 표를 채우기가 힘들다면, 3번, 5번 등 다른 내용으로 거미줄을 만들어 봐도 괜찮습니다. 구체적으로 쓴 거미줄 표를 보며 글쓰기까지 함께 해 보세요.

⑧ 선생님께서 잘 먹는다고 칭찬해 주셔서 어깨가 으쓱했다.	① 꼬르륵 배가 고팠는데 드디어 기다리던 급식시간이 되었다.	② 오늘은 다리 다친 친구를 도와줘서 내가 제일 먼저 받는 날이다.
⑦ 다 먹고 한 번 더 받으러 갔다.	4. 급식시간에 맛있는 함박스테이크가 나왔다.	③ 급식실 앞에서 메뉴를 보니 함박스테이크가 눈에 띄었다.
⑥ 민성이가 너무 떠들어서 조용히 해달라고 말했다.	⑤ 입에서 살살 녹는 맛이었다.	④ "감사합니다!" 큰 소리를 외치며 급식을 받았다.

거미줄 일기 예시

제목: 우와! 맛있는 함박스테이크

어젯밤 늦은 시간에 가족들과 함께 치킨을 먹었는데 소화가 잘되지 않았다. '배가 꺼지면 자야지' 마음먹고 책상에 앉아 놀다 보니 어느덧 새벽 1시가 넘어 바로 잠자리에 들었다. '두둥!' 일어나 보니 시계가 8시 40분을 가리키고 있었다. 부모님도 늦게 잠자리에 들어 모두 지각이었다. 아침도 먹지 못하고 부랴부랴 학교에 갔다. 하루 종일 꼬르륵 배가 고팠다. 오늘은 내가 급식을 제일 먼저 먹는 날이다. 2교시에 다리 다친 친구를 도와 체육관으로 이동했기 때문이다. 줄을 서서 기다리는데 급식실 앞에서 함박스테이크가 메뉴에 써 있는 게 보였다. "감사합니다. 잘 먹겠습니다!" 큰 소리로 외치며 급식을 받았다. 김이 모락모락 나는 함박스테이크를 입에 넣으니 세상을 다 가진 것 같았다. 맛있게 먹는 도중 민성이가 친구와 너무 떠들어 주의를 주고, 선생님께 이야기했더니 조용해졌다. 공공장소에서는 떠들면 안 되기 때문이다. 너무 맛있어서 다 먹고 한 번 더 받으러 갔다. 두 번째 받은 것도 쓱싹쓱싹 다 긁어먹었다. 선생님께서는 잘 먹는다고 칭찬해서 기분이 무척 좋았다.

거미줄 글쓰기는 주어진 주제에 따라 아이들이 부담을 덜 느끼는 동시 쓰기, 함께 다녀온 여행 감상문 쓰기, 교과 내용 글쓰기에 적용해 보면 효과적입니다. 특히 글을 매우 짧게 쓰는 아이, 단문을 주로 쓰는 아이, 어휘력이 부족한 아이에게 더 많은 도움이 됩니다.

① 동시 쓰기

문학은 우리의 상상력을 길러 주는 좋은 매개체입니다. 짧은 글 속에 많은 뜻을 담아 전달하죠. 어른들에게는 부담스러운 동시 쓰기도 아이들에게는 즐거운 소재가 될 수 있습니다. 우선 써야 할 양이 많지 않고 재미있습니다. 우리 주변의 모든 것들이 소재로 쓰일 수 있습니다. 주변의 소재를 찾는 과정에서 관찰력과 감수성이 길러집니다. 두세 줄만 써도 훌륭한 동시가 될 수 있습니다.

동시를 쓰기 전 최대한 많은 동시를 접해 보세요. 학교와 지역에 있는 도서관에 가면 초등학생들의 시를 모아 놓은 책들이 많습니다. 전문 작가들의 시보다는 아이들이 쓴 시를 많이 읽어 보세요. 재미 있는 시를 발견하면 따라 써 보고, 주인공이나 소재를 바꾸어 써 보기도 하며 동시에 익숙해지면 좋습니다. 소재를 선정한 후에는 맛깔나는 표현들을 구체적으로 써 보세요.

동시 주제 찾기

늦잠 자서 학교 지각한 일	학교 앞 떡볶이	영희랑 한 보드게임
재미있었던 영화	동시 쓸 주제 찾기	호수에서 본 오리
놀이공원 갔던 일	학교에서 발표한 일	새로 산 운동화

여러 소재 중 한 가지를 뽑아 더 구체적으로 써 보기

찬 바람이 쌩쌩	사이좋은 오리 한 쌍	엄마, 아빠 오리와 아기 오리
따뜻한 핫초코 한잔과 주머니 속 핫팩	호수에서 본 오리	'꽥꽥' 우는 오리들, 배가 고픈가?
뒤뚱뒤뚱 오리가 물 밖으로 나왔다.	추운 겨울인데 물속이 춥지는 않을까?	부모님과 함께 간 나들이

거미줄 동시 예시

제목: 오리, 꽥꽥

찬 바람이 쌩쌩 부는 겨울 오후

"엄마, 아빠 나가자!"

"추운데 괜찮아요, 공주님?"

언제나 두근두근 설레는 나들이

"꽥꽥" 우는 오리들

배가 고픈가?

물 밖으로 나온 오리가 춥지는 않을까.

주머니 속 따뜻한 핫초코와 핫팩을 줄까.

사이좋은 오리 한 쌍

아기 오리

엄마, 아빠, 나처럼 행복해 보인다.

② 여행 감상문 쓰기

아이와 함께 여행을 떠날 때 주로 어떤 곳을 가나요? 아이들이 좋아한다고 소문난 놀이공원이나 장소를 찾아다녔을 겁니다. 열심히 알아보고 준비한 장소인데 아이들이 지겨워해서 실망하기도 합니다. 주변에서 유명한 곳, 재미있다고 알려진 곳에 가서 넘치는 인파에 밀려 제대로 즐기지 못한 경험도 있습니다.

이번엔 아이와 함께 체험학습 떠나고 싶은 곳을 거미줄로 정해 보면 어떨까요? 가고 싶은 곳과 이유를 거미줄로 함께 써 보세요. 아이들의 정보는 제한적이기 때문에 인터넷, 책, 신문 등의 도움을 받으면 좋습니다. 주변에서 들은 이야기, TV에서 본 곳, 여행 책자 등을 통해 알게 된 곳들을 더 집중 탐구해 보세요. 특별한 장소가 없다면 여행의 콘셉트를 정하는 것도 좋습니다. 휴식, 익스트림, 관광, 체험 등 여행 콘셉트를 정해 이야기하다 보면 재미있는 장소는 절로 떠오를 겁니다. 아이와 함께 이야기해서 떠올린 곳을 거미줄에 써 보세요.

강원도 바닷가	태국	놀이공원
서해안 갯벌	여행 떠나고 싶은 곳	경주 불국사
수영장	제주도	전주 한옥마을

　이제 정해진 8곳의 장소 중 한 곳을 뽑아야 합니다. 아이가 가고 싶은 곳과 부모님이 가고 싶은 곳, 현실적으로 가능한 곳과 불가능한 곳이 있습니다. 현실적으로 가능한 곳을 우선 선정해 보세요. 그리고 거미줄의 가운데에 쓰고 한 번 더 구체적으로 써 보세요. 현실적으로 가능한 곳은 금액, 일정, 의견 일치, 기타 여러 상황을 고려해 선정해 볼 수 있습니다. 함께 의논하는 과정에서 글쓰기 소재도 떠오르기 마련입니다.

쓴 내용 중 한 가지를 뽑아 더 구체적으로 써 보기

김밥 싸 가기	해수욕장에서 수영하기	신선한 해산물 먹기
시장에서 맛있는 음식 먹기	강원도 바닷가	백사장에서 모래놀이 하기
휴게소에서 감자 먹기	사전 준비하기	양떼 목장 들르기

　최대한 아이가 가고 싶은 곳으로 떠나 보세요. 아이에게 꼭 가야 하는 이유를 묻고, 나름의 여행 계획을 세우는 기회를 주세요. 아이 혼자 알아보기 힘들 수 있으니 인터넷으로 검색하는 법, 블로그나 공식 홈페이지 등에서 조사하는 방법을 알려 주어도 좋습니다. 조사

는 가족이 함께 역할을 나누어서 하고, 일주일 동안 가족 구성원들이 조사한 내용을 모두 모아 구체적인 계획을 짜 봅니다.

○○이네 여행 계획			
여행 장소		날짜	
여행 이유			
신나는 가족 여행	볼 것		왜?
			왜?
	먹을 것		왜?
			왜?
	할 것		왜?
			왜?
새롭게 알 게 된 내용			
꼭 점검해요	① 아이와 부모님 모두 가고 싶은 곳인가요? ② 여행 기간에 다 같이 할 수 있는 일인가요? ③ 더 알아볼 내용은 없을까요?		

여행 계획이 작성되었다면 이제 신나는 여행을 떠나 보세요. 위의 표에 쓴 내용을 다 하면 좋겠지만, 계획을 모두 실천하기는 어렵습니다. 아이들은 곧 계획과 실천이 다르다는 것을 깨닫게 됩니다. 이 과정이 다음 여행 때는 조금 더 발전할 수 있는 계기가 됩니다. 조사를 하면서 새롭게 알게 된 내용을 써보며, 여행에 대한 기대감을 높일 수도 있습니다. 설레고 두근거리는 마음으로 여행을 계획해 보는

시간을 가져 봅니다.

아이들과 즐겁게 여행을 다녀왔다면, 배운 점, 느낀 점, 만족도와 그 이유를 되돌아보며 여행 계획을 평가해 보세요. 여행을 다녀온 날 또는 그 다음 날, 미리 작성했던 여행 계획표를 가지고 가족이 함께 모여 보세요. 이날은 모든 숙제와 공부를 하루 미뤄 두고, 여행 사진을 보며 먼저 세웠던 계획표를 평가하는 시간을 보냅니다. 마지막으로 길지 않은 간단한 여행 감상문을 써 보는 것도 좋겠죠?

○○이네 가족 여행 되돌아보기	
계획대로 잘되었나요? 왜 그런가요?	
여행이 만족스러웠나요? 왜 그런가요?	
여행을 통해 무엇을 배우고 느꼈나요?	
다음 여행에는 이것만은 꼭!	

③ 교과 글쓰기

교과 글쓰기는 아이가 배운 내용을 정리하고 서로 연관 짓는 데 도움을 줍니다. 그 전에 거미줄 글쓰기를 충분히 해 보았다면 요약하고 정리하는 데 익숙해졌을 거예요.

다음은 초등학교 2학년 겨울 교과에서 배우는 겨울잠을 자는 동물에 대한 내용으로 교과 글쓰기를 한 예시입니다.

개구리	다람쥐	박쥐
너구리	겨울잠을 자는 동물	뱀
곰	고슴도치	자라

쓴 내용 중 한 가지를 뽑아 더 구체적으로 써 보기

물과 땅에서 산다.	추운 겨울을 나기 위해 겨울잠을 잔다.	눈이 크고 튀어나왔다.
비가 올 때 울음소리가 더 크게 들린다.	개구리	긴 혀로 먹이를 잡아먹는다.
폴짝폴짝 뛴다.	올챙이가 자라서 개구리가 된다.	뱀이 천적이다.

겨울잠을 자는 동물에 관해 쓰고, 개구리를 주제로 거미줄을 한 번 더 만들었습니다. 학교에서 배운 내용뿐 아니라 책으로 더 공부한 내용을 쓰면 좋습니다. 이 내용을 토대로 간단한 거미줄 교과 글쓰기를 해 보세요.

거미줄 교과 글쓰기 예시

개구리는 추운 겨울을 버틸 수 없어 겨울잠을 잔다. 눈이 튀어나올 것처럼 크고 긴 혀로 먹이를 잡아먹는다. 몸에 비해 큰 뒷다리로 폴짝폴짝 뛰어다닌다. 비가 올 때 개구리의 울음소리를 들을 수 있다. 물과 땅에서 생활하며, 올챙이가 자라서 개구리가 된다. 개구리의 천적은 뱀이다. 보기에는 귀여운 개구리지만 독이 있을 수도 있으니 만질 때는 조심해야 한다.

문해력은 자존감과 밀접한 관련이 있습니다.
책을 읽을 때 자존감이 높은 아이들은 모르는 문장과 문단이 있어도
도전적으로 읽습니다.

4장

문해력을 키우는 3단계

자존감과

공부 습관으로

문해력 완성

자존감을 높여
문해력 기르기

아이의 자존감은 문해력에도 영향을 미친다

자존감이란 자신을 존중하고 사랑하는 마음입니다. 스스로 가치 있는 존재임을 알고, 다양한 상황을 잘 헤쳐 나갈 수 있는 능력입니다. 자존감이 높은 아이들은 성공과 실패에 모두 긍정적으로 반응합니다. '잘했어.', '난 할 수 있어.', '더 노력해 보자.' 같은 반응을 보이죠. 반면 자존감이 낮은 아이들은 성공과 실패에 부정적으로 반응합니다. '난 안 되나 봐.', '쟤는 저렇게 잘하는데 난 머리가 나쁜가 봐.', '포기하는 게 빠르지.' 같은 생각을 합니다.

유달리 타인의 시선을 신경 쓰는 아이들이 많습니다. 아이의 자존감을 잘 살펴보세요. 주변의 시선, 판단에 따라 자신을 바라보는 아이들은 실제의 자기 자신을 잊어버리는 경향이 있습니다. 진짜 자기의 모습이 아닌 거짓된 자신의 모습을 타인에게 보여 줍니다. 자기 자신의 마음보다는 타인의 시선을 더 중요하게 인식해 궁극적으로 자존감이 낮아집니다. 반대로 자존감이 높은 아이들은 주변의 시선보다는 자신의 신념과 행동을 가지고 어려움을 잘 극복해 나갑니다. '외모가 떨어지면 어때? 난 나인데.', '나는 나 자신이 좋아.' 같은 생각을 하죠.

자존감이 낮은 아이는 거짓된 자신의 모습을 표현합니다. 자연스럽게 주변 사람들과의 관계에서 방어적인 모습을 보이고 공감하는 능력도 떨어집니다. 주변 사람들에 맞춰 행동하고 관계에 스트레스를 받고 때로는 집착하는 모습을 보이기도 합니다. 방과 후 친구들과 SNS에 몰두하거나 단톡방에서 바로 응답하기 위해 스마트폰을 손에서 놓지 않는 모습도 보이죠. 유행에 따라가기 위해 애쓰고 똑같은 제품을 구매하는 모습도 자존감과 관련이 있을 수 있습니다.

문해력은 자존감과 밀접한 관련이 있습니다. 책을 읽을 때 자존감이 높은 아이들은 모르는 문장과 문단이 있어도 도전적으로 읽습니다. 책은 글과 그림으로 새로운 모험을 떠나는 기회입니다. 책 속에는 새롭게 정복해야 할 어휘와 문장들이 기다리고 있습니다. 주변에 적극적으로 물어보거나 스스로 사전을 찾아보고, 나만의 어휘를 새롭게 만들어 내기도 하죠.

반대로 자존감이 낮은 아이들은 새로운 도전에 큰 부담감을 느낍니다. 모르는 내용은 극복해야 할 대상이 아니라, 피해야 할 대상으로 인식합니다. 모르면 모르는 대로 넘기고, 읽는 둥 마는 둥 하며 넘기기도 합니다. 지금 상황을 어떻게든 넘기는 게 최선이라고 생각합니다.

이렇듯 아이의 자존감은 문해력에 결정적인 영향을 미칩니다. 문해력을 키우려면 먼저 아이의 자존감부터 키워 주세요.

아이의 자존감을 높이는 3가지 방법

① 아이에 대한 믿음 갖기

지금 아이가 하는 말과 행동에 대해 얼마나 믿음을 가지고 있는지 생각해 보세요. 작은 것 하나라도 결정할 때 아이에게 선택권을 주었나요? 아이가 가지고 싶은 물건이 있다고 했을 때 무조건 "안 돼!"라고 하진 않았나요? 전학이나 가족 여행을 계획할 때 아이의 의사나 감정을 물어본 적이 있나요? 아이들은 작은 것 하나라도 선택할 권리가 있습니다. 선택할 때 충분히 고민하고 결정하며, 그 결과를 확인하고 스스로 반성하는 연습이 필요합니다. 아이가 때로는 잘못된 선택을 할지라도 큰 문제가 생길 일이 아니라면 묵묵히 지켜봐 주세요. 그리고 결과에 대해서 아이와 함께 이야기를 나누어 보세요. 선택에 대한 책임과 결과에 대한 반성 역시 하나의 공부입니다.

간혹 아이가 심하게 떼를 쓸 때가 있습니다. 보면서 정말 답답하고 때로 화도 납니다. 화내거나 소리를 지르기 전에 아이를 조금 진정시킨 뒤 이유를 물어보세요. 아이 나름의 이유가 있을 것입니다. 무조건 "안 돼!"라고 윽박지르기보다는 의견을 들어보고 부모의 감정과 생각을 말해 주세요. "지금 ○○이가 이런 행동을 해서 엄마(아빠)는 속상해. 하지만 ○○이가 그런 생각을 하고 있었다니, 미안한 마음이 드네. 다음에는 엄마(아빠)한테 차분히 말해 줄 수 있겠니?"처럼 말해 보는 것입니다. '네가'로 시작하는 문장보다 '내가'라고 시작하는 문장을 사용하면 좀 더 침착하고 이성적으로 이야기할 수 있습니다. 부모인 내가 '네가'라는 문장을 많이 사용하면 아이도 똑같이 '엄마가', '아빠가'로 시작하는 문장을 많이 사용하게 됩니다. 올바른 대화 습관을 통해 아이에 대한 신뢰를 표현해 주세요.

② 아이의 자율성 기르기

아이가 알람을 듣고 혼자 일어나 씻고 밥을 먹고 옷을 입고 등교하는 모습을 상상해 보세요. 누구나 꿈꾸지만 현실에서는 불가능에 가깝죠. 매일 아침 등교 전쟁을 치르고 밥은 먹는 둥 마는 둥 하며 겨우 학교에 보냅니다. 자율적인 아이로 키우고 싶은데 아침부터 잠들기 전까지 아이 스스로 하는 일은 거의 없어 보입니다.

아이의 자율성을 기르려면 아이의 생각을 긍정적으로 자극하는 질문법이 필요합니다. "물고기를 잡아 주기보다는 물고기 잡는 법을 가르쳐라."라는 옛말이 있습니다. 아이 스스로 할 수 있게 방법을 가르쳐 주고 시범을 보이며 올바른 언어 사용으로 자율성을 기르게 이끌어 주세요. 조금 힘들지만 방 정리정돈도 함께해 보고, 정리 방법에 관해 이야기하고 함께 정리해 보세요. 아침 기상 알람에 익숙해지는 연습하기, 하루를 잘 보내기 위해 일찍 자기, 자기 전날 숙제 다해 놓기, 정해진 시간 동안 책 읽기 등을 하나씩 함께해 보세요. 아이는 알면서 안 할 때도 종종 있지만, 몰라서 못 하는 경우도 많습니다. 부모와 함께하다가 조금씩 혼자 하는 일로 넘어가다 보면 어느새 스스로 하는 아이가 되어 있을 겁니다.

　자율성을 기르는 또 하나의 방법은 올바른 언어 사용입니다. 부모가 평소에 긍정적인 언어, 부정적인 언어를 사용했느냐에 따라 아이의 사고법이 바뀐다고 합니다. 긍정적인 언어를 사용하는 아이들이 자율성이 더욱 길러지며 열심히 하는 생활 태도가 형성됩니다.

　새로운 내용을 배울 때 '신기하다. 어떤 내용을 배울까?'라고 생각하는 아이가 있는가 하면 '귀찮아. 도대체 왜 이런 걸 시키는 거야.'라고 생각하는 아이도 있죠.

　아이의 긍정적인 언어 사용에 도움이 되는 '비폭력 대화' 방법을 소개합니다. 비폭력 대화는 '본 그대로 이야기한다'의 원칙으로 진행되는 대화입니다.

1단계		2단계		3단계		4단계	
관찰		느낌		욕구		부탁	
관찰한 내용 말하기		감정으로 표현하기		욕구 표현하기		부탁하기	

잘못된 대화법		비폭력 대화법
너 어젯밤에 또 게임 하느라 늦게 잤지? 방 안 꼴이 이게 뭐야. 안 치우냐? 더러워 죽겠네.	→	(관찰) 방 안이 정리가 안 돼 있구나.
집에 썩은 내가 진동한다. 누굴 닮아서 이렇게 지저분한 거야?	→	(느낌) 방이 정리되어 있지 않으니까 엄마(아빠)의 기분이 나빠져.
도대체 몇 번째야? 입으로만 치운다고 말하니 믿을 수가 없어.	→	(욕구) 엄마(아빠)는 약속은 꼭 지켜야 한다고 생각해.
당장 청소해! 아니면 인터넷이랑 스마트폰 다 끊어 버릴 줄 알아.	→	(부탁) 지금 방을 청소해 줄 수 있겠니?

총 4단계로 진행되는 비폭력 대화는 상대방에 대한 평가를 배제합니다. 잘잘못을 가리기보다는 관찰한 내용 그대로를 내 감정과 함께 표현하는 것이 핵심입니다. 감정을 솔직하게 표현하며 상대방에 대한 부탁을 함께 말합니다. 원하는 것을 구체적으로 부탁하며 긍정적인 언어를 사용하는 것이 좋습니다. 비폭력 대화법을 통해 부모와 아이의 관계가 개선되었다는 사례를 종종 듣습니다. 쉽진 않지만 '사실과 감정만 전달한다'라는 원칙만 잘 지켜도 우리 아이의 자율성은 더욱 길러집니다.

③ 작은 성취감(1일 1칭찬) 갖게 하기

칭찬은 고래도 춤추게 합니다. 매일 한 번씩 아이를 칭찬해 보세요. 칭찬할 때는 결과 대신 과정을 칭찬합니다. 결과는 아이의 능력에 따라 결정되는 경우도 많습니다. 결과로 칭찬받기에 익숙한 아이들은 칭찬을 받기 위해, 그리고 부모, 친구, 선생님께 인정받기 위해 과제를 열심히 합니다. 좋은 결과로 칭찬을 받는다면 더할 나위 없지만, 때로는 좌절감을 느끼게 하기도 합니다. 열심히 했음에도 결과가 좋지 않아 칭찬을 받지 못하거나 나보다 더 잘한 아이만 칭찬받는 일이 생기면 오히려 역효과가 일어날 수 있습니다. '어차피 잘못 할 텐데, 안 할래.' 같은 생각을 해버리는 거죠.

하지만 결과가 아닌 과정을 칭찬하는 방법은 아이의 노력에 따라 결정됩니다. 스스로 책상에 앉아 책을 읽고 있는 모습, 부모님을 돕는 아이의 모습, 자기 방을 정리하는 모습 등 칭찬할 거리는 무수히 많습니다. 칭찬을 정례화해 가족이 함께 서로에게 '1일 1칭찬하기'를 실천한 후 가족 게시판이나 냉장고 등에 붙이기 활동도 할 수 있습니다. '너는 우리에게 참 소중한 존재란다.', '넌 마음이 참 예뻐.', '다 이겨낼 수 있어.', '항상 끝까지 최선을 다하는 모습이 보기 좋아.' 등 마음이 따뜻해지는 문구를 쓰고 읽는다면 아이의 성취감은 더욱 커질 것입니다.

문해력을 높이는
공부 습관

문해력을 높이는 공부 습관 5가지

문해력을 높이는 공부 습관을 실천하기 전에 공부 환경을 먼저 조성해 보세요. 아이의 성향에 따라 다르지만, 소음과 어지러운 책상은 집중에 방해가 됩니다. 아이가 공부하는 시간에는 TV, 세탁기, 대화 소리 등을 최소화해 주세요. 아이의 책상은 깔끔하게 정리하고, 아이의 시선을 끌 만한 스마트폰, 장난감, 인형 등은 책상 이외의 장소로 옮겨 주세요. 책상에는 교과서, 공책, 문제집, 필기도구를 가지런히 정리해 놓습니다. 공부 시작 전 아이의 목표를 크게 써서 책상 앞에 붙여 두는 것도 동기부여에 도움이 됩니다. 이제 5가지 방법으로 문해력을 쑥쑥 길러 보세요.

1. 올바른 공책 정리 습관으로 복습한다

문해력은 읽은 내용을 정확히 이해하고 스스로 표현할 수 있는 능력을 뜻합니다. 평소 글을 요약하고 공책을 정리해 보는 습관은 이해력을 높이는 데 큰 도움이 됩니다. 아이들은 이미 알고 있던 것보다는 항상 새롭고 신기한 것에 흥미를 보입니다.

최근 교육의 흐름은 지식의 재구성입니다. 기존의 지식은 죽은 지식이며 검색 한 번이면 누구나 지식을 습득해 활용할 수 있고, 휘발성으로 금방 기억에서 잊힙니다. 하지만 이런 죽은 지식도 새로운 지식을 만들어 내는 데 기초가 됩니다. 독해와 공부의 기초를 습득해 지식의 생성과 변화를 직접 습득해 본 아이들이 새로운 지식을 더욱 쉽게 받아들이고 활용할 수 있지 않을까요? 이를 위해서는 교과서에 대한 이해가 우선되어야 합니다.

교과서에 대한 이해는 복습과 공책 정리로 접근해 보세요. 학교 수업시간에는 배운 내용이 중복해서 나오는 경우가 많습니다. 특히 수학 교과서는 나선형 교육과정으로 배운 내용이 심화해 학년이 올라가면 새롭게 등장합니다. 아이들에게 "작년에 배운 내용이지?"라고 말하면 대부분의 아이들은 "그랬어요?"라고 대답합니다. 하지만 문제를 이야기하며 10분만 복습하는 과정을 거치면 "아! 배웠던 거예요."라며 기억해 냅니다. 정확한 내용을 떠올리거나 모든 문제를 풀 수 있는 건 아니지만, 10분이라도 짧게 복습을 하면 공부했던 내용이 떠오른다는 것입니다. 이처럼 몇 달 뒤에 복습을 해도 효과가 좋은데, 공부를 하고 몇 시간 혹은 며칠 안에 복습한다면 어떤 효과가 있을까요?

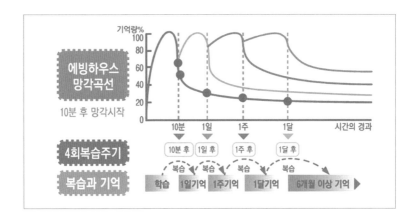

독일의 심리학자 에빙하우스Hermann Ebbinghaus의 망각곡선에 따르면, 학습한 내용은 복습하지 않으면 기억에서 금방 잊힌다고 합니다. 학습이 끝난 뒤 10분 후, 1일 후, 1주 후, 1달 후 이렇게 총 네 번을 복습하면 머릿속에 오래 남습니다. 그렇다면 어떻게 복습을 하는 것이 좋을까요?

첫 번째 복습은 학교와 학원에서 공부한 내용을 스스로 정리해 보는 연습입니다. 한두 문장으로 간단히 나타내도 좋습니다. 두 번째 복습은 교과서를 빠르게 훑으며 읽어 보는 것입니다. 세 번째 복습은 공책을 천천히 읽어 보며 배운 내용을 떠올려 보는 것입니다. 마지막 복습은 공책을 빠르게 훑어보면 됩니다. 이때 복습은 10분 정도로 짧은 시간에 끝내도록 하며, 소리 내어 노트 정리해 보세요. 자신의 목소리가 귀로 다시 들리면 두 번 공부하는 효과가 있습니다.

덩달아 글 읽기에 자신감도 생기고 발음도 좋아집니다. 학교 수업시간에 큰소리로 자신 있게 발표하는 데 도움이 되며 의미군 별로 끊어 읽기 능력도 길러집니다.

복습하면 좋은 점은 아이가 자신이 아는 것과 모르는 것을 구별할 수 있게 된다는 점입니다. 이를 '메타인지'라고 부릅니다. '메타인지'란 내가 아는 것과 모르는 것을 구별할 수 있는 것입니다. 메타인지 능력은 책을 읽을 때 아는 내용과 모르는 내용을 구별해 선별적인 이해에 도움을 줍니다. 또한 아는 내용으로 모르는 내용을 유추해 올바르게 이해하며, 모르는 내용을 지나치지 않을 수 있습니다. 특히, 문제를 풀 때 아는 내용과 모르는 내용을 구별하는 능력은 올바른 정답을 찾는 데 큰 도움이 됩니다.

메타인지 능력이 높으면 학습 계획을 스스로 세우고, 지식을 습득하는 효율적인 방법을 터득할 수 있습니다. 메타인지 능력이 낮은 아이들은 지식을 앞뒤 문맥 없이 무작정 외웁니다. 열심히 공부는 하는데 성적이 나오지 않는다면 메타인지 능력을 길러 보세요.

분류·핵심 단어·중요내용에 대한 구별 없이 무작정 외우는 지식은 금방 잊힙니다. 어렴풋이 아는데 말로는 표현할 수 없는 내용은 올바르게 아는 지식이 아닙니다. 말로 표현할 수 있는 온전한 지식이 또 다른 온전한 지식과 만날 때 새로운 지식이 창조됩니다. 메타인지 능력이 높은 아이들은 높은 문해력을 통해 지식과 지식의 연결 능력이 매우 뛰어나다고 합니다.

복습에 가장 큰 도움을 주는 공책 정리는 수학 오답 노트 외에도 과목별로 만들면 큰 도움이 됩니다. 공책 정리를 해 본 아이들은 글씨 쓰기에 익숙해져 방대한 공부 내용에도 위축되지 않습니다. 어떤 내용을 배우더라도 핵심내용을 찾아내기 위해 두뇌 회전을 열심히 합니다.

초등학교 시기에는 오답 노트를 꼭 직접 손으로 쓰게 해 주세요. 부모의 생각보다 아이들은 글씨를 오래 쓰지 못합니다. 오답 노트에 익숙해지면 아이들은 수학 문제를 풀 때 검산을 열심히 하게 됩니다. 왜냐하면 문제를 틀리면 오답 노트에 써야 하기 때문이죠. 문제 풀이 집중력이 높아지는 효과도 있습니다. 아이들이 재미있어 하기도 하지만 어려워하기도 하는 사회와 과학 공책 정리도 해 보세요. 국어는 지문을 그대로 옮겨 쓸 수 없기에 따로 공책 정리를 하지 않아도 됩니다. 저학년이라면 공책을 정리할 때 그림이나 만화로 표현해도 좋습니다. 점차 학년이 올라가면서 마인드맵, 메모리 트리, 요약해서 쓰기 등 본격적인 공책 정리의 틀을 잡아갈 수 있습니다.

다음의 공책 정리 방법을 활용해 보세요. 과목과 페이지, 학습 목표를 쓰고 왼쪽에는 키워드를 적습니다. 오른쪽에는 개조식으로 핵심내용을 포괄하는 단어를 써 보세요. 교과서에 친절하게 큰 글씨로 쓰여 있을 때가 많습니다. 교과서 문장을 그대로 쓰기보다는 요약하거나 화살표, 동그라미 등을 활용해 정리해 보세요. 마지막으로 더 알아보기에서는 배운 내용에 대한 한 줄 요약과 더 알아보고 싶은 내용, 궁금증, 느낀 점 등을 마인드맵, 일기, 그림 등 다양한 방식으로 표현하면 됩니다.

[과목+쪽수]	[학습목표] ·교과서 차시별 첫 페이지 제일 큰 글씨
[key-word 단어]	[핵심내용1] ·개조식으로 서술하기 ·핵심내용을 포괄하는 단어는 key-word로 →보통 굵은 글씨로 되어 있음
[key-word 단어]	[핵심내용2] ·1문장 이내로 간략히(교과서 그대로 쓰지 않기) ·표현 방식은 자유롭게(화살표, 동그라미 등 이용)
[key-word 단어]	[핵심내용3] ·문장의 길이 절반으로 줄이기
[더 알아보기]	[1줄 요약] [더 알아보고 싶은 내용 + 궁금한 점] ·마인드맵, 일기 등 다양한 방식으로 표현

2. 수업시간에 메모하는 습관을 들인다

수업시간에 배우는 내용을 책이나 공책에 써 보는 연습을 해 보세요. 강의식 수업을 듣고 흘려보내는 것보다는 당연히 수업 집중력과 이해력에 큰 도움이 되겠죠? 수업시간에 메모하면 장점이 많습니다. 우선 수업시간에 집중력이 높아집니다. 선생님의 이야기와 중요내용을 적어야 하므로 수업에 귀 기울여 참여하게 됩니다. 또한 필기 속도는 말하는 속도를 따라갈 수 없으므로 자연스럽게 요약해서 적는 연습이 됩니다. 선생님이 말하는 내용을 들으며 핵심내용을 선별해 필기하는 것이죠. 요약한 내용을 다시 한번 읽어 보면 복습도 간단히 할 수 있고 덤으로 선생님에게도 '공부 열심히 하는 아이'로 인식될 수 있습니다.

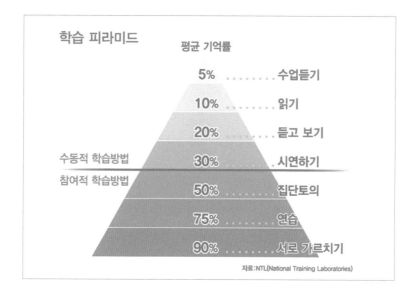

위의 그림은 학습 방법에 따라 기억에 남는 정도를 나타냈습니다. 수업시간에 듣기만 하는 수업은 5%밖에 기억에 남지 않습니다. 교과서를 함께 읽는 경우 10%, 수업과 함께 교과서를 열심히 보면 20%가 기억에 남습니다. 10개를 배웠어도 2개밖에 기억에 남지 않게 되죠. 하지만 수업시간에 메모하는 습관은 연습(75%)과 가르치기(90%)에 해당하는 효율적인 방법입니다. 수업시간에 메모하는 과정은 하나의 연습이자 복습이 됩니다. 메모한 내용을 다시 한번 읽어 보며 자기 자신에게 설명하면서 공부하면 효과적입니다.

3. 교과서와 친해진다

문해력을 기르기 위해서는 교과서와 친해져야 합니다. 문해력을 기르는 이유는 여러 가지가 있지만, 지금 가장 큰 효과로 결과가 나타나는 것은 '교과서 이해력'입니다. 교과서는 아이들의 발달수준에 맞는 어휘로 구성되어 있습니다. 동화책과는 다르게 전문지식도 포함되어 있어 한 번에 이해하기 어려운 부분도 많습니다. 아이들이 보기에 교과서는 다소 딱딱하고 재미없어 보입니다. 모든 것을 친절히 설명해 주지도 않습니다.

가장 일반적인 어휘와 문장으로 사실 그대로를 써냅니다. 아이들은 교과서를 읽고 이해하기 어려워 문제집과 학원의 도움을 많이 받기도 합니다. 지금은 절대적인 학습량이 많지 않아 외부의 도움을 받아 공부를 쉽게 할 수 있지만, 학년이 높아지고 중학생, 고등학생, 대학생이 됨에 따라 공부할 내용은 점점 많아집니다. 지금부터 교과서와 친해져 공부에 대한 부담감을 줄여 주면 어떨까요?

학교 수업은 교과서로 진행될 때가 대부분입니다. 교과서는 단원 도입, 준비, 기본, 실천과 정리로 구성됩니다. 단원 도입에서는 삽화를 보며 배울 내용을 상상하고 단원 내용을 파악합니다. 준비에서는 실생활 사례를 통해 배울 내용에 관해 설명합니다. 기본은 배울 내용을 이해하고 문제를 해결합니다. 마지막으로 실천과 정리에서는 다양한 활동을 통해 배운 내용을 복습합니다. 교과서에 나온 지문을 이해하고 문제를 해결하는 것은 공부의 가장 기본입니다. 교과서의 흐름에 익숙해진 아이들은 수업시간도 부담스럽지 않고 익숙해질 수 있습니다.

문제집으로 정리된 내용을 공부하는 것도 좋지만, 다소 힘들더라도 교과서를 자세히 읽어 보는 연습을 꾸준히 하세요. 교과서 반복 읽기 5단계를 통해 우리 아이 읽기 능력을 기를 수 있습니다.

1단계: 훑어보기(5분 내외)

교과서의 단원명과 차례, 학습 목표만 쭉 훑어보며 내용을 예측하는 단계입니다. 특히 눈에 띄는, 크거나 다양한 색의 글자만 읽어 보면 됩니다.

2단계: 살펴보기(5분 내외)

글자를 제외하고 교과서의 모든 내용을 살펴보는 단계입니다. 그림과 사진, 캐릭터, 실험도구 등 본격적으로 글을 읽기 전 학습 내용에 친숙해집니다.

3단계: 읽어 보기(10분 내외)

교과서의 줄글을 빠른 속도로 읽습니다. 이해하며 읽지 않고, 재빨리 읽어 내려갑니다. 한 단원을 10분 내외로 빠르게 읽습니다. 이해가 되지 않는 부분이나 모르는 어휘도 지나칩니다.

4단계: 밑줄 긋기(15분 내외)

한 번 읽어본 내용을 토대로 반복되는 내용에 연필로 밑줄을 긋습니다. 이해되지 않는 내용과 어휘는 다시 한번 읽어 봅니다. 연필로 밑줄 그은 내용을 다시 읽어 보고 중요한 단어에 형광펜으로 표시합니다. 연필로 표시한 부분에 꼭 형광펜을 칠할 필요는 없습니다.

5단계: 표현하기(20분 내외)

마지막 단계인 표현하기입니다. 단원별로 A4 한 장에 그림 또는 마인드맵, 거미줄로 읽은 내용을 정리해 봅니다. 문장으로 자세히 표현하기보다는 단어로 표현해 봅니다.

4. 7구절로 요약해 연습한다(정보처리 이론)

학창 시절 공부했던 내용을 떠올려 보세요. 교과서를 달달 외운 기억이 있을 겁니다. 특히 암기과목은 반복해서 읽어 머릿속에 내용을 몽땅 집어넣습니다. 그리고 필요할 때 꺼내 쓰죠. 예를 들어 사과,

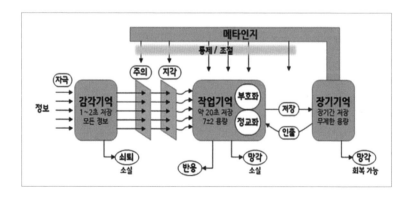

바나나, 파인애플, 수박, 복숭아, 자두를 외울 때 첫 글자만 따서 '사바파수복자'처럼 외운 경험도 있을 겁니다. 이 과정을 설명한 이론이 정보처리 이론Information processing theory입니다.

책을 읽으면 감각기억에 정보가 들어옵니다. 그리고 집중을 하면서 작업기억으로 정보를 보냅니다. 여기서 한 번에 처리할 수 있는 작업은 5~9개입니다. 우리가 보통 암기할 때 문장이 아닌 핵심 단어들을 뽑아서 외우는 이유죠. 이 단계에서 외운 내용을 복습하는 과정을 거쳐 장기기억으로 들어갑니다. 그 결과 다음 날에도 전날 배운 내용이 기억에 남게 되는 거죠. 여기서 주의할 점은 복습하지 않으면 어느 단계든 공부한 내용을 잊어버리게 된다는 것입니다.

이 이론에서 얻을 수 있는 힌트는 학습할 때 단어로 전체의 내용을 기억한다는 점입니다. 문해력과 공부 방법에 대한 방향성을 제시해 줍니다. 자기주도학습을 할 때 지속적인 반복과 요약, 복습이 필수라는 점과 단어로 공부하는 것의 효율성을 말해 줍니다.

5. 작은 성취를 통해 자아효능감을 기른다

문해력을 기르기 위해서는 '끈기'가 중요합니다. 어렵고 복잡한 내용을 끈질기게 붙들어 이해하려는 노력이 필요하기 때문입니다. 아이들의 끈기는 타고난 성향도 영향을 미치지만 후천적으로도 도움을 줄 수 있습니다. 끈기 있는 아이들은 학업에서 높은 성취도를 보입니다. 어려운 문제도 끝까지 도전하고, 책상에 앉아서 공부하고, 공책 정리와 숙제를 열심히 하는 것 모두 끈기와 관련 있습니다. 끈기는 우리 아이가 학습에서 지치지 않고 이끌어 주는 큰 버팀목입니다.

끈기를 기르기 위해서는 아이가 학습에 지치지 않고 작은 성취감을 느끼도록 독려해야 합니다. 결과보다는 과정을 칭찬해 보세요. "책상에 앉아서 열심히 숙제하고 있구나.", "졸리고 피곤할 텐데 공부를 하고 있구나.", "밥 먹은 것 뒷정리를 도와줘서 고마워.", "방을 열심히 정리하고 있구나."처럼 과정을 칭찬하는 것이죠.

우리는 무의식적으로 결과에 대한 칭찬을 많이 합니다. "그림 참 멋지게 그렸는데.", "방 정리를 깨끗하게 잘해 놨네.", "받아쓰기 100점 맞았구나. 잘했어."처럼 결과에 대한 칭찬에 익숙해져 있습니다. 의식적으로 '과정을 칭찬해야지.'라고 생각하지 않으면 결과 중심으로만 칭찬을 하게 됩니다.

결과에 대한 칭찬에 익숙해진 아이들은 과정보다는 결과에 집중하게 됩니다. 시험 성적으로 칭찬을 자주 받거나, 100점 맞을 때 스마트폰을 사 준다는 부모의 약속은 아이에게 동기부여를 합니다. 100점을 맞으면 문제없지만, 100점을 받지 못하면 아이의 좌절감과 학습에 대한 실망감이 커질 수 있습니다. 물론 대부분의 가정에서 100점을 받지 못해도 선물을 주긴 하지만 장기적으로 본다면 100점을 받기 위해 공부를 열심히 하는 모습에 조금 더 집중하면 좋을 것 같습니다.

일상생활에서나 아이와 놀이할 때도 성취할 수 있는 작은 과제를 제시해 보세요. 블록 10층까지 쌓아 보기, 기차 만들어 움직여 보기, 부모님께 좋아하는 책 읽어 주기 등 아이가 쉽게 성취할 수 있는 과제를 지속적으로 주면 아이의 자신감은 더욱 커집니다.

작은 성취감과 밀접한 활동인 '스몰 스텝'은 아이가 성취할 만한 일을 작게 쪼개어 제공하는 방법입니다. 비교적 쉽게 성취할 수 있는 일로 자신감을 기르는 거죠. 예를 들어 책 3쪽 읽기, 1쪽 소리 내어 읽기, 5분만 놀고 정리하기, 책 읽고 꽂아 두기, 밥 먹고 밥그릇 싱크대에 두기, 책상 물티슈로 닦기 등 아이가 실천할 수 있는 작은 일을 제안해 보세요. 자신감이 커진 아이들은 새로운 활동을 만나도 '난, 할 수 있어'라고 생각하게 됩니다. 이는 궁극적으로 자기주도학습으로 이어져 문해력과 학습에 큰 영향을 미치게 됩니다.

읽고 이해하고
적용하기

발달단계에 따른 읽기

문해력과 비슷하게 쓰이는 용어로 독해력이 있습니다. 사전을 찾아보면 문해력과 독해력 모두 '글을 읽어서 뜻을 이해하는 능력'이라고 되어 있습니다. 사전적 의미는 같지만, 실제 쓰임에서는 독해력보다 문해력이 조금 더 포괄적인 의미로 쓰이죠.

독해력은 정확한 이해에 초점을 맞춘다면, 문해력은 글을 읽고 이해한 내용을 활용하는 것에 초점을 맞춥니다. 시중에 독해력 문제집은 많지만, 문해력 문제집은 팔지 않죠. 독해력 문제집에서 항상 강조되는 세 가지가 있습니다. 크게 분류하면 읽기, 이해하기, 적용하기입니다. 세부적으로 분류하면 글의 주제·내용·구조 파악하기, 추론 및 적용하기, 비판적 읽기로 나뉩니다.

이 중 독해력 문제집은 특히 읽기와 이해에 초점을 맞춥니다. 기본인 읽기는 자음자와 모음자를 다양한 방법으로 배우고 한 글자씩 익힙니다. 생활 주변에 보이는 단어를 그림과 함께 공부하기도 하죠. 유치원에 다니기 시작하면 본격적으로 그림책을 읽습니다. 글이 전혀 없는 그림책에서 글이 조금씩 늘어납니다. 그러다 보면 동화책을 읽을 수 있게 되고, 학습만화, 고학년 동화, 에세이, 소설, 지식 책으로 점차 확대됩니다.

아이들의 발달단계에 따라 읽기 수준을 살펴보면, 초등학교 1학년은 그림책과 동화책을 모두 읽는 시기입니다. 초등학교 2~3학년은 동화책을 읽고, 4학년부터 위인전, 학습만화를 본격적으로 읽기 시작합니다. 5~6학년은 고학년 동화와 에세이, 소설을 읽습니다. 특별한 이유가 없다면 겉으로 보이는 읽기 수준은 모두 같습니다. 자세히 들여다보기 전에는 알 수 없습니다. 책을 많이 읽고 꾸준히 읽고 내용을 물어봤을 때도 잘 대답하면 바른 읽기가 되고 있다고 생각해도 좋습니다. 단, 읽은 내용을 잘 기억하지 못하거나 방금 읽은 내용을 모른다면 올바른 독해가 되지 않은 경우입니다. 읽기는 책을 읽고, 전체적인 흐름을 아는 정도면 완성됩니다.

읽기 분야는 책을 읽을 때 글의 주제와 내용, 구조 파악하기가 핵심입니다. 각 분야에 해당하는 핵심질문은 다음과 같습니다.

읽기	글의 주제 파악	내용 파악	구조 파악
핵심 질문	① 반복되는 말 찾기	① 등장인물의 이름, 관계 파악하기	① 시간의 흐름에 따라 사건이나 행동 파악하기
	② 주요 내용 알아보기	② 감정을 표현하는 말 알기	② 장소의 변화에 따라 사건이나 행동 파악하기
	③ 중심 문장과 뒷받침 문장 알기	③ 인물, 사건, 배경 파악하기	③ 내용 요약해 보기
	④ 글을 쓴 까닭 찾아보기	④ 사실과 의견 구별하기	④ 전개 방식 파악하기 (정의, 예시, 분류와 분석, 비교와 대조, 인과)

읽은 것을 이해하기 위한 독후활동

독해와 본격적으로 관련된 부분은 이해입니다. 아이들이 책을 많이 읽기는 하지만 뚜렷한 목표와 방법을 가지고 책을 읽을 기회는 많지 않습니다. 예전에 하던 독후감 50권, 100권 쓰기는 장점도 있지만, 단점이 많아 대부분 학교에서는 현재 하지 않습니다. 아이들의 독서 흥미를 감소시키는 가장 큰 원인이기 때문이죠. 독후감은 최소한의 목표가 있습니다. 등장인물, 줄거리, 주요 사건 등 대략적인 내용을 파악해야 했습니다. 그래야 10줄 넘는 빈칸을 채울 수 있었죠. 간혹 책 뒤 페이지만 보고 적는 아이들도 있지만 책 읽기의 도움을 받은 아이들도 있습니다.

물론 독후감을 다시 쓰자는 이야기는 아닙니다. 저도 형식에 얽매이는 독후감은 독서의 최대 적이라고 생각합니다. 안타까운 점은 요즘 아이들은 책을 읽고 독후활동을 잘 하지 않습니다. 책만 많이 읽습니다. 책을 읽고 다양한 독후활동을 통해 생각의 폭을 넓혀 나가는 과정 없이 그저 책을 많이 읽는 데 초점이 맞춰져 있습니다.

아이가 스스로 책을 읽으며 올바르게 이해하는 법을 터득할 수도 있지만 그건 쉽지 않습니다. 부모가 아이의 책 읽기에 함께할 수 없다면 아이들이 책을 읽을 때 뚜렷한 목표를 제공해 보세요. 책을 읽고 난 후 글의 주제와 내용, 구조 파악과 관련된 독후활동은 꼭 있어야 합니다. 아이의 경험과 관련 짓기, 내용을 그림으로 표현하기, 그린 그림으로 이야기꽃 피우기, 등장인물과 인터뷰하기, '내가 만약 ○○이라면' 활동하기, 뒷이야기 상상하기 등 다양한 활동을 할 수 있습니다. 자연스럽게 책의 주제, 내용, 구조를 파악할 수 있습니다.

그림책, 동화책, 위인전 등 다양한 책을 읽고 난 후 여러 가지 독후활동을 해 보세요. 집마다 특색 있는 독후활동이 있을 텐데요. 독후활동에 따라 표현력과 어휘력이 점점 향상돼 아이들의 문해력을 꽃피울 수 있습니다. 어떻게 시작해야 할지 잘 모르겠다면 다음의 학습지를 이용해 보세요. 분야별로 1~2가지씩 뽑아 만든 학습지를 매일 아이에게 주고, 총 4가지 미션과 독후활동을 병행해 보는 것입니다.

날짜		이름	
읽은 책			
오늘의 미션①	책에서 반복되는 낱말을 찾아 밑줄 긋기(빌린 책이면 포스트잇으로 표시)		
오늘의 미션②	감정을 표현하는 단어 3개 찾아 쓰기 ① ② ③		
오늘의 미션③	기억에 남는 내용이 있나요? ------------------------------------ ------------------------------------ ------------------------------------		
오늘의 미션④	어떻게 내용을 전개하고 있을까요? (정의, 예시, 분류와 분석, 비교와 대조, 인과 등) ------------------------------------ ------------------------------------ ------------------------------------		

미션에 활용할 수 있는 문장은 무궁무진합니다. 가장 대표적으로 활용할 수 있는 문장은 다음과 같습니다. 예시 문장을 활용해 매일 서로 다른 미션을 수행하며 적절한 보상, 즉 칭찬과 선물을 해 준다면 아이가 더욱 신이 나서 할 수 있습니다.

– 반복되는 낱말을 찾아볼까?

– 중심 문장과 뒷받침 문장을 찾아볼까?

– 중요한 사건에는 뭐가 있을까?

– 중요한 문장을 찾아볼까?

– 지은이는 이 글(책)을 왜 썼을 것 같아?

– 책 속에 등장인물로 누가 나와? 어떤 사이야?

– 감정을 표현하는 단어를 찾아볼까?

– 주인공의 감정은 어떻게 변했어?

– 인물들이 다툰 장소는 어디야?

– 책에서 사실을 적은 문장과 생각을 적은 문장을 각각 찾아볼까?

– 책에 나온 사건이나 행동을 순서대로 써 볼까?

– 장소별로 사건을 정리해 볼까?

– 책의 내용을 요약해 볼까?

– 주인공이 맞닥뜨린 문제는 무엇일까?

– 문제가 어떻게 해결됐어?

4차 산업혁명 시대의 필수 능력

이해와 적용 분야는 읽기보다 조금 더 수준 높은 이해가 필요합니다. 추론 및 적용하기와 비판적 읽기가 핵심이죠. 읽기 미션을 큰 무리 없이 수행했다면 이해와 적용으로 넘어옵니다. 만약 읽기 미션에 어려움을 겪는다면 아직은 읽기 기초를 다질 때입니다. 이해와 적용 각 분야에 해당하는 핵심질문은 다음 표와 같습니다.

이해와 적용	추론 및 적용하기	비판적 읽기
핵심 질문	① 등장인물의 처지와 마음 짐작하기	① 글을 읽고 배울 점 찾아보기
	② 낱말의 의미와 생략된 내용 짐작하기	② 내용의 타당성과 적절성 평가하기
	③ 다른 상황에 적용하기	③ 글쓴이의 생각과 행동 평가하기
	④ 이어질 내용 추론하기	④ 자신의 생각과 비교하기

이해와 적용은 일반적으로 3학년부터 시작할 수 있지만, 수준을 달리하면 저학년도 충분히 할 수 있습니다.

날짜		이름	
읽은 책			
오늘의 미션①	인물이 나눈 대화를 써 보세요. -- 이때 등장인물의 마음은 어떨 것 같나요? --		
오늘의 미션②	이 책의 2편(후속편)이 나온다면 어떤 내용일까요? --		
오늘의 미션③	책을 읽고 배운 점이 있을까요? -- --		

오늘의 미션④	책 속 주인공의 행동은 모두 옳은가요? 이유도 함께 쓰세요. -- --

미션에 활용할 수 있는 문장은 매우 많습니다. 가장 대표적으로 활용 가능한 문장은 다음과 같습니다. 예시 문장을 활용해 여러 가지 미션을 만들고 아이가 좋아할 만한 보상을 적절히 제공합니다. 가장 중요한 점은 아이가 스스로 하게끔 하는 것입니다.

\<이해와 적용 미션에 활용할 수 있는 문장\>
– 낱말의 뜻이 뭘까? – 문장 중간에 새로운 문장을 써 볼까? – 만약 다른 상황이라면 어땠을 것 같아? – ○○쪽 뒤에는 어떤 내용이 나올까? – 인물에게 어떤 점을 배우면 좋을까? – 책의 내용 중 바꾸고 싶은 내용이 있어? – 글쓴이에게 하고 싶은 말을 써 보자. – 내 생각과 책의 차이점 2가지를 써 보자. – 소재를 바꾸어 새로운 글을 써 보자.

적용하기는 읽고 이해한 다음 읽은 내용을 무조건적으로 수용하지 않고 비판적으로 다시 한번 살펴보는 활동입니다. 다양한 정보가 범람하는 시대에 올바른 정보를 선택하고, 여러 정보를 하나의 정보로 가공해 내는 능력은 4차 산업혁명 시대에 필수적인 능력입니다.

곧 독해력과 문해력의 차이점이기도 합니다. 더불어 고차원적인 사고력을 요구하는 활동이며 수능 교과인 언어 영역에서 가장 고난도 문제이기도 합니다.

5장

아이 스스로 문해력을 키운다

스스로 하는
'자기문해학습'

공부의 맛을 알게 하는 자기문해학습의 효과

문해력의 종착점은 자기문해학습입니다. 자기문해학습이란, 어렸을 때부터 세워진 자기주도학습 능력에 문해력을 더한 개념입니다. 자기주도학습은 영어로 'Self-directed Learning'입니다. 스스로 목표와 계획을 세워서 하는 공부를 뜻하죠. 스스로 계획을 세우고 자발적으로 공부하니 성취 결과도 매우 높습니다. 자기주도학습 능력에 뛰어난 문해력까지 더해지면 학습의 효율성은 더욱 올라가고, 공부하는 힘과 생각하는 힘이 강해집니다. 자기문해학습은 자기 주도적으로 학습하는 능력뿐만 아니라 아이의 사고와 마음의 힘을 함께 길러 주기 때문이죠.

문해력은 공부하는 맛을 알게 합니다. 어렵기만 했던 내용이 머리에 쏙쏙 이해되고, 주변에 뽐낼 수도 있으니 앎에 재미가 붙습니다. 안 그래도 단조롭고 지겨운 공부인데 내용마저 어렵다면 재미없는 공부가 하기 싫은 공부로 바뀝니다.

아이들은 주변의 새로운 것을 보고 느끼는 것을 좋아하듯, 새롭게 공부하는 내용을 신기해하고 재미있어합니다. 이해하기 쉬운 내용을 새롭게 배우는 것은 모든 아이가 좋아합니다. 공부에 흥미가 붙은 아이들은 자기문해학습도 거뜬히 해낼 것입니다.

요즘 아이들은 공부를 정말 많이 합니다. 제가 어릴 때는 학교에서 배운 내용을 복습하고 숙제하는 정도가 전부였습니다. 그리고 학교에서 책 읽기와 독후감, 줄넘기를 특히 강조했습니다. 학교가 끝나면 함께 축구도 하고 놀이터에서 뛰어놀기도 하고, 친구들 집에 가서 맛있는 간식을 먹으며 노는 게 일상이었습니다. 물론, 숙제를 같이하며 공부도 했죠. 그래서 제 어린 시절, 주변 친구들이 공부 때문에 스트레스를 받거나 힘들어하는 경우는 거의 없었던 것 같습니다.

아이들이 공부하는 내용은 매년 쉬워지고 있습니다. 2학년에 배우던 내용이 3학년으로, 5학년 때 배우던 내용이 6학년으로, 6학년에 있던 내용이 중학교에서 배우는 것으로 바뀌고 있습니다. 외국과 비교하면 여전히 어려울 수 있지만, 우리 어릴 때와 비교하면 내용은 분명 훨씬 쉬워졌습니다. 교육과정은 더욱 쉬워지고 아이들은 더 많이 공부하는데, 아이러니하게도 문제를 이해하는 것은 더욱 어려워합니다. 전 세계 학업성취도 조사에서 한국은 9위로 상위권에 속하지만 공부량에 비하면 낮다고 평가됩니다. 왜 그럴까요? 바로 읽고 이해하는 문해력이 부족하기 때문입니다.

문해력이 부족하면 자기문해학습 역시 하기 어렵습니다. 자기문해학습은 아이가 스스로 학습을 설계하고 실천하며 피드백의 과정까지 이어집니다. 글을 읽기는 하지만 이해를 못 하는 아이에게 자기문해학습이 가능할까요? 방에 앉아 있는 시간이 정말 곤욕스러울 것입니다. 이보다는 동화책을 읽는 게 아이에게 더 큰 도움이 될 수도 있습니다.

자기문해학습은 무작정 혼자 앉아서 공부하는 것이 아닙니다. 옆에서 친절하게 조언해 주고 이끌며 다독여 주는 부모의 존재가 꼭 필요합니다. 문해력이 부족하면 자기문해학습이 불가능하듯, 자기문해학습 능력이 부족하면 문해력도 늘지 않습니다. 스스로 공부 전략을 짜고, 이해하고, 요약하는 능력은 주어진 글을 읽고 이해하는 데 목표와 방향을 제시하기 때문이죠. 우리 아이 문해력과 떼려야 뗄 수 없는 자기문해학습을 놓치지 마세요.

차근차근 자기문해학습 로드맵

초·중·고 12년이라는 긴 교육과정에서 자기문해학습은 필수입니다. 더 길게 보면 유치원, 대학교도 포함해 20년 남짓의 기간이 될 수도 있습니다. 이 기간에 문해력을 길러 자기문해학습을 하게 되면 스스로 공부하는 아이로 성장합니다. 새로 배우는 내용일지라도 스스로 읽고 이해하는 능력이 생기기 때문입니다. 또한 기존에 스스로 지식을 재구조화해 본 경험이 있어서 어떤 새로운 지식이든 머릿속에 분절해 보관할 수 있게 됩니다. 5개의 문장을 통째로 외우기는 어렵지만, 추려낸 5~6개의 단어로 전체 문장을 기억하는 건 상대적으로 쉽죠. 그렇다면 어떻게 해야 자기문해학습을 할 수 있게 될까요?

① 일간, 주간, 월간 학습계획표 세우기

계획표의 장점은 많습니다. 작지만 하루의 목표를 세워 수행하고 성취감을 얻을 수 있죠. 초등학생 때부터 작은 계획과 실천을 해 본 아이들은 학습 책임감도 커집니다. 그리고 공부를 스스로 조율하는 능력이 생깁니다. 단, 세운 계획이 흐지부지된다면 오히려 역효과가 있습니다. 설령 실천하지 못하더라도 그냥 넘기기보다는 실천하지 못한 이유를 계획표 한편에 써 보세요. 특히 시간대별로 세운 학습계획표는 지양해 주세요. 고등학생이 되어 시험 기간 혹은 수능을 대비하기 위해 시간대별 계획을 세우는 게 아니라면, 시간대별 학습계획표는 전혀 도움이 되지 않습니다. 초등학교 아이들에게는 '목표'와 '달성' 개념으로 접근하여, 하루 목표, 주간 목표, 월간 목표를 차근차근 세우는 것이 더 좋습니다. 학습량도 처음부터 무리해서 정하기보다는 차츰 늘려가도록 합니다.

본격적인 계획표를 세우기 전, 자신이 해야 할 일과 하고 있는 일을 전체적으로 쭉 나열해 보는 과정을 가져 보세요. 아침 일찍 일어나기, 밥 먹기, 화장실 가기 등 일상적인 일도 써 봅니다. 동화책 읽기, 숙제하기, 문제집 풀기, 동생 수학 문제 풀어 주기 등 학습과 관련된 내용은 많이 쓸수록 좋습니다.

모두 나열한 뒤 다음 기준에 따라 분류해 보세요. 중요한 일과 덜 중요한 일, 오늘 꼭 해야 하는 일과 다음에 해도 되는 일에 따라 분류할 수 있습니다.

① 중요한 일 + 오늘 꼭 해야 하는 일	② 덜 중요한 일 + 오늘 꼭 해야 하는 일
③ 중요한 일 + 다음에 해도 되는 일	④ 덜 중요한 일 + 다음에 해도 되는 일

우선, 분류표와 상관없이 아이가 해야 할 일 중 떠오르는 일을 모두 공책에 써 보세요. 10개 내외의 할 일을 썼다면 분류표에 분류해 보세요. 아이가 쓴 내용을 한번 자세히 살펴볼까요?

① 중요한 일 + 오늘 꼭 해야 하는 일	② 덜 중요한 일 + 오늘 꼭 해야 하는 일
- 내일까지 해야 하는 학교 숙제 - 모둠 숙제에서 맡은 부분 준비하기 - 리코더 시험 준비하기	- 친구와 통화하기 - 저녁 9시 30분에 ○○게임 접속하기 - 배움공책 쓰기
③ 중요한 일 + 다음에 해도 되는 일	④ 덜 중요한 일 + 다음에 해도 되는 일
- 친구 생일 선물 사기 - 동화책 읽기 - 부모님 저녁 식사 준비 도와드리기	- 줄넘기 100개 하기 - 내 방 청소하기 - 머리 깎기

이 과정을 통해 아이는 중요한 일과 오늘 꼭 해야 하는 일에 대한 관심도가 높아질 수 있습니다. 자신이 해야 할 일들을 살펴보고 계획표를 세우는 데 큰 원동력을 얻게 됩니다. 학습계획표라고 하면 아이들이 엄청난 부담감을 느낄 수 있습니다. 처음엔 일일 계획표가 좋습니다. 한 가지부터 시작해 차츰 두 가지로 늘려 보세요. 교과서 읽기, 요약하기, 공책 정리하기, 문제집 풀기, 독서 30분 하기, 줄넘기하기, 축구하기, 저녁 식사 돕기, 내 방 청소하기 등 학습과 학습이 아닌 영역을 함께 계획표에 포함시켜 보세요.

생활계획표는 모두 지키지 못할 수도 있습니다. 지키지 못한다면 반성하는 시간을 1분이라도 가지고 '나의 다짐' 칸에 간략하게 반성한 내용을 쓰게 하세요. 그리고 다음 날 계획으로 넘어가 다시 실천해 봅니다. 일주일 동안 일일 계획표를 열심히 실천했다면 보상을 제공합니다. 아이가 좋아하는 음식을 먹게 하거나 좋아하는 장소로 여행을 떠나는 것이죠. 그리고 일주일이 더 지나 일일 계획표를 2주 동안 열심히 실천했다면 주간 계획표로 넘어갈 준비가 끝났습니다.

일일 계획표에 익숙해진 아이들은 주간 계획표를 짜는 데 자신감이 생깁니다. 다음의 표와 같이 학습과 생활 영역으로 나누어 계획표를 짜 보세요. 저학년(1~2학년) 아이들은 독서, 일기 쓰기와 관련된 내용이 많이 들어가면 좋습니다. 중학년(3~4학년)은 글쓰기와 교과서 읽기, 고학년(5~6학년)은 수학 문제 풀기와 공책 정리 위주로 계획을 세워 보세요. 저학년 아이들은 몸으로 하는 활동에 적극적이지만, 고학년이 될수록 야외 활동보다는 스마트폰 사용시간이 늘어납니다. 상대적으로 운동은 부족하죠. 주말에 운동과 관련된 내용이 들어가면 좋습니다.

요일	학습 목표	생활 목표	잘 지켰나요?	나의 다짐
월	사회 교과서 1단원 읽기	저녁 함께 만들기		
화	공부한 내용 공책 정리하기	동생 책 읽어 주기		
수	수학익힘 60쪽 풀기	사랑 표현하기 2회		
목	『나니아 연대기』 읽기	줄넘기 100회 하기		
금	책 읽고 인터뷰활동 하기	TV 안 보는 날		
토	감각 글쓰기 1편 쓰기	9시 기상, 스마트폰 1시간 쓰기		
일	단어 사전 만들기	밖에서 운동 1시간 하기		

주간 계획도 2주 동안 열심히 실천했다면 월간 계획으로 넘어갈 준비가 끝났습니다. 일일 계획 2주와 주간 계획 2주, 총 4주 동안 실천한 내용을 모아 보세요. 한 달 계획이 됩니다. 한 달 동안 실천한

내용을 살펴보세요. 그중 10개 정도로 목표를 추려 보세요. 10개 정도 정리된 내용을 바탕으로 다음 달 월간 계획표를 세워 보세요. 공부, 생활, 언어습관 등 다양한 분야와 관련된 내용으로 목표를 세울 수 있습니다.

6월의 목표	
1. 글쓰기 10번 이상하기	6. 책 10권 읽기
2. 스마트폰 하루에 1시간만 사용하기	7. 운동 꾸준히 하기
3. 수학 문제집 3단원 풀기	8. 감사 표현 많이 하기
4. 줄넘기 매일 50개씩 하기	9. TV 안 보는 날 10일 넘기기
5. 교과서 내용 공책에 정리하기	10. 마음에 담아 두지 않고 말하기
10개 중 몇 개나 지켰나요? (/ 10개)	

② 책상에 앉는 시간, 일일 학습량 정하기

아이와 함께 책상에 앉아 있는 시간을 정해 보세요. 이때, 학교와 학원에 있던 시간, 그리고 학습지를 풀면서 선생님이나 친구들과 함께 앉은 시간은 제외합니다. 집에서 온전히 혼자 앉아 있는 시간입니다. 정해진 시간에 책상에 앉아 10분 이상 스스로 공부하기를 연습해 보세요. 익숙해지면 시간을 20분, 30분, 40분, 1시간으로 늘려 봅니다. 책상에 오랜 시간 앉아 있는 연습은 꼭 필요합니다.

우선, 초등학교 수업시간 40분에 맞추어 집에서도 책상에 앉는 시간을 연습하면 수업시간 집중력을 기를 수 있습니다. 최근에는 2시간 연속으로 수업하는 '블록타임 수업'도 늘어나고 있습니다. 총 80

분간 수업을 하는 거죠. 같은 교과목을 연속 수업하는 경우가 많기에 책상에 혼자 앉아 있는 시간은 길면 길수록 좋습니다. 또한 책상에 앉아 있으면 해야 할 일을 기억하고 실천하는 데 도움을 줍니다. 책상 주변에는 매일 함께하던 스마트폰도 없고, 책과 공책, 문제집이 전부입니다. 저절로 주변 책꽂이와 책상에 시선이 갑니다. 평소 눈에 띄지 않던 학습지, 문제집, 공책 등이 눈에 보이고 숙제도 떠오릅니다. 자연스럽게 손이 가고 혼자 공부하며 시간을 보낼 수 있게 됩니다.

정말 공부가 하기 싫은 날에는 아이가 책상 정리를 하는 모습을 보이기도 합니다. 책상 정리하는 능력만 늘어난다고 걱정하지 않으셔도 됩니다. 책상을 깨끗하게 정돈하는 습관은 집중력을 길러 줍니다.

처음에는 책상에 혼자 앉아 좋아하는 책 읽기, 블록 만들기 등 아이가 좋아하는 활동을 하는 것으로 시작해 보세요. 정해진 시간만큼 혼자 앉아서 활동하고, 정해진 시간이 지나면 칭찬해 주세요. 아이가 책상에 혼자 앉기가 익숙해질 때까지는 부단한 노력이 필요합니다.

아이가 익숙해지면 공책 정리, 교과서 읽기, 숙제 등 학습과 관련된 내용으로 넘어가 보세요. 하루에 정해진 시간만큼 책상에 앉는 연습은 아이가 스스로 규칙적인 학습을 하는 데 도움을 줍니다. 처음에는 과제를 주고 검사하다가 점차 스스로 검사하도록 해 보세요.

예를 들어 하루에 40분씩 공부하면 미리 만든 표에 도장을 찍거나, 그날 공부한 내용을 2~3줄 간단히 적는 방식으로 스스로 검사할 수 있습니다.

공부한 내용			
총 공부시간		날짜	
일일 학습 목표		성공했나요?	(O, X)
공부한 내용			
반성하기			

계획표를 세우고 꾸준히 앉아 있는 습관을 들여 공부 습관이 어느 정도 몸에 뱄다면 공부한 내용을 위의 표에 작성해 보세요. 책상에 앉아 있는 40분 동안의 학습량을 문제집 6쪽으로 정했다면, 실제로 실천해 보세요. 40분 동안 문제집 6쪽을 모두 풀 수도 있고, 4쪽밖에 못 풀 수도 있습니다. 모든 사람에게 하루 24시간이 똑같이 주어집니다. 잠도 자고, 먹고, 놀기도 하는 24시간 중 최소한 정해진 시간만큼은 효율적으로 사용하는 연습이 필요합니다.

앞에(204쪽) 나온 표처럼 일일 학습 목표를 쓰고 성공 여부를 체크해 보세요. 그리고 반성할 내용을 써 보며 학습량을 조절해 보세요. 시간이 너무 남거나 부족하지 않도록 내용을 써 봅니다. 점차 시간 내에 정해진 학습량을 달성하기 위해 더 효율적인 공부 방법을 찾거나 남은 시간을 효율적으로 사용하는 법을 알게 됩니다.

③ 적절한 보상과 피드백은 필수

보상에는 내재적 보상과 외재적 보상이 있습니다. 내재적 보상은 아이의 안에서 생기는 보상입니다. 흥미, 호기심, 의욕, 성취감 등에서 나옵니다. 외재적 보상은 외부적인 물질을 제공하는 방법입니다. 예를 들어 "이번 시험 다 맞으면 스마트폰 사줄게." 같은 것입니다.

불과 6~7년 전만 해도 초등학교에서 개인별 보상이 흔했습니다. 숙제를 3번 이상 했다든가, 100점을 2번 이상 맞으면 보상으로 먹을 것을 받는 형태였습니다. 독서록을 100번 쓰면 학교에서 상품을 주기도 했죠. 하지만 이와 같은 결과에 대한 보상은 아이의 학습 동기를 유지하기 어려운 단점이 있습니다. 목표를 달성하면 흥미가 눈 녹듯이 사그라집니다. 처음부터 포기해 버리는 아이들, 따라가지 못해 포기하는 아이들, 목표 자체에 부정적인 생각을 하는 아이들도 생겨납니다.

시험을 다 맞으면 스마트폰을 받기로 한 아이가 시험에서 80점을 맞았습니다. 100점도, 스마트폰도 받지 못한 아이는 학습에 대해 '나는 해도 안 되나 봐.'와 같은 부정적인 생각을 가질 수 있습니다. 또한 공부와 독서는 그 자체로 목표가 되어야 하는데, 원하는 물건을 얻기 위한 수단으로 전락합니다. 이 과정에 익숙해진 아이들에게 공부는 더 이상 달성해야 할 목표가 아닌 좋아하는 물건을 받기 위한 과정이 되어 학습에 대한 심리적인 부담이 점차 커지는 결과를 초래합니다.

이 같은 동기유발은 내재적 보상보다 상대적으로 지속되기 어렵습니다. 물질은 유한하고, 점차 더 값비싼 물건을 원하게 되고, 무리한 목표는 포기해 버리는 성향이 쉽게 나타나기 때문입니다.

이 때문에 최근 초등학교에서는 이와 같은 보상을 하지 않은 채 아이들의 내재적 보상을 키우기 위해 여러 가지 노력을 하고 있습니다. 협동심을 기르기 위한 학급 점수판 운영, 모든 친구가 과제를 완료했을 때 보상 제공, 누구나 달성할 수 있는 목표 제시, 다양한 활동을 하며 학습 동기 유발, 칭찬과 피드백 등을 활용합니다.

더 이상 독서록 50편 이상을 쓰면 선물 주기, 줄넘기 급수제 통과하면 상품 주기 같은 것은 보기 어렵습니다. 물론, 학급 점수판 또는 함께하는 과제로 얻는 보상은 잘하는 아이들이 피해를 본다는 인식이 있습니다. 몇몇 아이들 때문에 본인들의 노력이 인정받지 못한다고 생각합니다. 하지만 조금만 더 깊이 들여다보면 주변 아이들을 챙기고 친구가 어려워하는 부분을 도와 과제를 완성해 가는 모습이 보입니다. 또 하나의 새로운 교육이 시작되는 셈이죠.

집에서 활용할 수 있는 보상은 무엇이 있을까요? 가장 좋은 보상은 칭찬과 피드백입니다. 아이가 한 말과 행동에 대해 적절히 반응해 주세요. 그렇다고 아이의 말에 모두 반응해 주는 건 어렵습니다. 최소한 "아, 그랬어?", "그래서 어떻게 됐어?", "한번 해 볼래?" 정도의 피드백은 반복적으로 활용해 주세요. 사람은 자신의 이야기를 상대방이 경청해 주기를 바랍니다.

대화 도중에 상대방이 어떤 모습을 보일 때 내 이야기를 경청하고 있다고 느껴지나요? 가장 중요한 점은 '듣기'가 아닌 '보기'라고 합니다. 말하는 사람 입장에서는 상대방이 나를 보지 않고 있으면 내 이야기를 듣지 않는다고 느낍니다. 눈을 다른 곳에 둔다면 귀를 아무리 쫑긋 세운다 한들 소용없다는 뜻이죠. 따라서 아이가 말할 때 눈을 바라보고 적절한 질문과 반응을 해 주세요. 만약 너무 바쁜데 아이가 계속 말을 건다면 "지금은 너무 바빠서 대답하기가 어려워. 30분 뒤에 이야기할까?"라고 말해 주세요.

칭찬과 피드백은 언제든 할 수 있습니다. 자녀가 2명 이상이라면 공동의 과제를 제시해 주세요. 둘이 함께 하나의 그림을 완성하거나 책 2권을 서로 번갈아 읽기를 연습해 보세요. 나이 차가 있는 아이들은 모르는 문제를 서로 가르쳐 주는 것도 도움이 됩니다. 이때 구체적인 칭찬을 계속해 줍니다. 무작정 "잘했어."라는 칭찬은 아이의 행동을 강화하지 못합니다. 오히려 칭찬에 무뎌지고 존중받는 느낌을 덜 받게 될 수도 있습니다. 따라서 "○○이가 □□□를 하고 있네, 고마워."처럼 구체적인 행동에 대한 칭찬이 필요합니다. 이는 아이가 자신이 한 행동에 대해 다시 한번 생각해 볼 수 있어 그 행동이 강화됩니다. '연필 잡는 법, 책상에 앉아 있는 법, 일찍 일어나기, 새로운 반찬 먹기' 등 칭찬할 거리는 무궁무진합니다.

자기문해학습의 핵심은 아이 스스로 학습을 이끌어 나가는 힘입니다. 가정환경, 친구, 학교 등 외부 환경에 따라 저절로 자기문해학습을 하는 아이들도 있습니다. 그 과정을 들여다보면 아이의 행동에 대한 칭찬을 많이 하는 환경일수록 스스로 하는 힘이 강했습니다. 아이가 책상에 앉아서 공부하는 모습을 보이거나 가르쳐 주지 않은 방법으로 문제를 해결할 때, 풀리지 않는 수학 문제를 계속 풀어 보려고 노력할 때, 집안일을 도우려 할 때 등 아이의 행동과 노력에 대한 칭찬을 많이 해 주세요. 의욕과 열정이 점차 자라는 데 도움이 됩니다.

생활하거나 함께 놀이할 때는 결과에 대한 피드백도 마찬가지로 필요합니다. 예를 들어 레고 놀이를 할 때 끝까지 다 하지 못하고 포기하는 아이들이 있습니다. 장난감을 어지럽혀 놓거나 방 정리정돈을 하지 않을 때도 있죠. 이럴 때 결과에 대한 피드백을 활용하면 좋습니다. 자신이 해야 할 일을 끝마치는 것의 중요성을 깨닫는 데 도움을 주기 때문이죠. 놀이할 때 중간에 포기하는 아이들이 신기하게도 학습에서도 비슷한 모습을 보입니다. 평소에 놀이도 끝까지 할 수 있도록 적극적으로 격려해 주세요. 무엇이든 끝까지 최선을 다하는 생활습관이 우리 아이의 공부 끈기를 길러 줍니다.

④ 기본 생활습관 잡기

아이의 기본 생활습관은 자기문해학습에 큰 영향을 미칩니다. 우리 아이는 학교에 다녀오면 알림장을 스스로 확인하고 숙제와 준비물을 챙기고 있나요? 자기문해학습은 사소한 것에서 시작됩니다. 매일 알림장을 확인하며 아이들의 생활 루틴이 형성되죠. 아이들은 매일 같은 시간에 일어나서 씻고 밥을 먹고 학교에 갑니다. 수업을 열심히 듣고 부족한 공부를 더 하고, 여유 시간도 즐기며 하루를 보냅니다. 학교는 공부하는 곳, 집은 노는 곳이라고 생각하는 아이들을 집에서 공부시키기는 쉬운 일이 아닙니다.

알림장을 확인하는 작은 것부터 시작해 보세요. 집에 와서 바로 알림장을 확인하는 습관을 들이는 것입니다. 혹은 아이 생활패턴에 따라 저녁 식사 후 확인하거나 씻고 나서 확인하는 것도 좋습니다. 집에서 하루를 마치기 전 알림장을 확인하고 숙제와 준비물을 스스로 챙기는 연습은 학교에 준비물을 가져가지 않고 나서 "엄마가 안 챙겨줬어요."라는 말을 하는 일을 예방합니다.

알림장과 숙제, 준비물을 스스로 책임지고 확인해야 하며, 부모는 도움을 주는 존재라고 말해 주세요. 부모는 숙제가 어렵거나 준비물을 급하게 사야 할 때 도움을 주는 역할이면 충분합니다. 숙제와 준비물을 자주 까먹는 아이들은 학습 습관이 올바르지 못한 경우가 대부분입니다. 학습에서 가장 기본인 알림장을 확인하는 습관으로 우리 아이의 기본 생활습관을 길러 주세요.

자기문해학습 능력은 체계적인 연습과 반복을 통해 몸에 습관화할 수 있습니다. 반복과 연습, 부모의 적절한 지지와 격려, 때로는 훈

212

육으로 완성됩니다. 유치원 때부터도 기초적인 단계로 습득할 수 있습니다. 생활 속에서 자기문해학습을 하는 아이들도 많습니다.

하지만 자기문해학습은 천천히 시작해 주는 것이 좋습니다. 초등학교 1, 2학년 시기에는 자기문해학습도 중요하지만, 더 많은 자극과 정보를 제공하고 체험하는 데 조금 더 초점을 맞추는 것이 필요합니다. 3학년이 되어 다양한 교과가 시작될 때 비로소 자기문해학습을 체계적으로 연습하면 빛을 발할 수 있습니다.

빠른 아이들은 3개월, 시간이 더 필요한 아이들은 6개월에서 1년이면 자기문해학습 능력의 특징을 보입니다. 중요한 점은 3개월에서 6개월 동안 습득한 능력을 계속 유지하지 않으면 물거품이 되기 쉽다는 것입니다. 금세 잊어버리고 다시 시작하기에는 아이가 힘들어하는 모습도 마음에 걸리죠. 9개월을 기점으로 이전으로 많이 되돌아갑니다. 천천히 시작해 3, 4학년 동안 몸에 익혀 5, 6학년 때 스스로 할 수 있도록 해 보세요. 자녀가 현재 4, 5, 6학년이라도 늦지 않았습니다. 3개월간의 집중, 6개월의 유지, 9개월에 되돌아가지 않도록만 유의하면 됩니다.

자기문해학습 능력이 뛰어난
아이들의 특징

자기문해학습이 가져온 공통점 3가지

자기문해학습은 아이들의 자아존중감을 높여 줍니다. 자기문해학습으로 높아진 자아존중감은 아이의 학습뿐만 아니라 생활 전반, 교우 관계 등 모든 영역에 영향을 미칩니다. 이 아이들은 일반적으로 3가지 특징을 보입니다. 긍정적인 사고, 높은 자율성과 책임감, 되돌아보는 능력입니다. 우리 아이는 3가지 모두에 해당할까요?

(1) '나는 할 수 있다'라는 긍정적인 마인드

초등학생들은 눈에 보이는 것으로 친구를 부러워합니다. 큰 키, 잘생기고 예쁜 외모 등 눈에 보이는 외형으로 자신감을 얻기도 하고 반대로 자신감이 떨어지기도 합니다.

외모와 더불어 초등학생의 자신감에 영향을 미치는 두 가지는 예체능 능력과 성적입니다. 미술, 음악, 체육 분야에서 특출한 아이들은 부러움의 대상입니다. 이 아이들은 일주일에 한 번 있는 미술 시간, 두 번 있는 음악과 체육 시간이 기다려집니다. 무엇이든 다 멋진 결과를 만들어 낼 자신이 있기 때문이죠. 자신의 작품, 멋진 리코더 연주, 빠른 달리기, 뛰어난 축구 실력 등을 뽐내기도 합니다.

성적도 부러움의 대상입니다. 시험만 보면 100점 받는 아이, 모둠 활동에서 모든 일을 도맡아 칭찬을 받는 아이, 공책 정리를 잘하는 아이 등이 해당합니다. 친구들은 공부 잘하는 아이를 부러워하며 숙제를 보여 달라고 하기도 하고 모르는 문제를 물어보기도 하죠.

자기문해학습 능력이 뛰어난 아이들은 모둠 활동과 시험성적, 공책 정리를 모두 또래보다 잘합니다. 자연스레 자신감이 자라나고, 부러워하는 친구들을 보며 어깨가 으쓱해져 더 열심히 노력하죠. 학습에 대한 긍정적인 사고는 점점 자라납니다.

반대로 모둠 활동과 시험성적, 공책 정리를 모두 어려워하는 친구는 학습에 대한 긍정적인 사고 대신 부정적인 사고가 점차 자라납니다. "저는 안 돼요.", "해도 몰라요."라고 말하는 아이들이 꽤 많습니다. 이는 3학년 때부터 시작된 학습에 대한 어려움이 누적되어 나타나는 '학습된 무기력'입니다. 한 번 생긴 학습된 무기력은 해소하기가 쉽지 않습니다. 최소한 현재 배우는 학년의 내용은 완벽하게 이해해 자신감을 길러 주는 것이 필요합니다.

아이들의 긍정적 사고를 위해 '내일의 목표', '일주일 뒤 목표', '1

년 뒤 나의 모습', '10년 뒤 나의 모습'을 떠올려 보게 하세요. 미래의 나에게 편지를 써 보고 타임머신 캡슐에 넣어 땅에 묻어 두거나 집 안에 보관해 두는 것도 좋습니다. 자신에 대해 다소 비판적인 모습을 보이는 아이들도 미래의 나의 모습은 긍정적으로 생각합니다.

자기문해학습에는 두각을 보이지만 학습 내용 이해에는 어려움을 겪는 아이들이 있다면, 배운 내용을 매일 복습하고 다음 날 배울 내용을 예습할 수 있도록 해 보세요. 학교에서 들은 설명을 한 번에 이해하지 못 하면, 집에 가서 더 많은 시간을 할애해 복습해 봅니다. 다음날 시간표를 확인한 후, 어려워하는 교과나 내용은 미리 교과서를 한번 읽어 보면 좋습니다. 교과서를 읽고도 이해가 되지 않는 부분은 보충 공부를 해 봅니다. 학교에서 한 번에 이해가 되지 않으면 아이들의 학습 자신감이 크게 떨어질 수 있습니다. 국어책에 동화책의 일부가 실려 있는 경우, 해당 동화책을 빌려 미리 읽어 보면 수업 집중력을 높일 수 있습니다. 수학은 관련 단원 내용을 미리 풀어 봅니다. 사회나 과학은 지도나 실험 키트를 통해 친숙하게 접근할 수 있습니다.

최근에는 한 학기, 1년, 심지어 2년이 넘는 선행학습이 유행입니다. 아이가 현재 배우고 있는 내용을 모두 이해하고, 단순한 개념 이해뿐만 아니라 응용까지 가능하다면, 미리 배우는 것도 큰 효과가 있습니다. 하지만 현재 배우는 개념을 이해하는 것도 어려워하는 아이들에게 다음 학년 내용을 배우게 하는 것은 학습 자신감을 떨어뜨리고, 어렴풋이 아는 내용을 모두 이해한다고 착각하게 만드는 경우도 많습니다. 아이들은 한 번 본 것은 모두 안다고 생각합니다. 하지만 질문하면 오답을 이야기할 때가 많습니다. 아이의 성향에 따라 선행학습은 신중하게 접근하는 것이 좋습니다.

아이들의 자신감에 큰 영향을 미치는 내용은 학년별로 다릅니다. 1학년은 한글, 2학년은 구구단 외우기, 3학년은 새롭게 배우는 영어와 리코더, 4학년은 분수, 5학년은 글쓰기, 6학년은 토의 및 토론 능력입니다.

1학년 아이들은 한글을 자신감 있게 쓰는 아이들이 수업시간에 더 열심히 참여합니다. 1학년은 교육과정상 한글을 새롭게 시작하는 시기입니다. 한글을 몰라도 수업시간에 참여할 수 있게 내용은 구성됩니다. 하지만 아이들은 국어뿐만 아니라 다른 교과목들에서도 수많은 글자를 접합니다. 수학 교과의 문장제 문제나 봄 교과에서 만나는 단어들은 아이들의 자신감에 영향을 미칩니다. 미리 공부하지 않아도 되는 한글이지만, 1학년이 시작되면 최선을 다해 복습하고 공부해야 되는 이유입니다.

2학년 2학기에 배우는 구구단은 꼭 외워야 하는 핵심 수학 법칙입니다. 구구단으로 곱셈을 배우고, 3학년 때는 이를 기초로 나눗셈을 배웁니다. 모두 구구단에서 파생된 공부이기에 수학 자신감을 기르기 위해서는 구구단을 정확히 외우는 것이 도움이 됩니다. 부모와 함께 "구구단을 외자" 게임을 해 보세요.

3학년 때는 영어를 처음 배우게 됩니다. 아이들 사이에 격차가 많이 나는 과목 가운데 하나입니다. 미리 공부한 아이, 알파벳을 모두 익혀 온 아이, 문장을 말할 수 있는 아이 등 선행학습 정도도 제각각입니다. 3학년 아이들은 처음 배우는 영어이지만 자신감을 가지고 크게 이야기하고 알파벳도 열심히 씁니다. 이때 복습을 꾸준히 하고, 단어 외우기를 시작해 보세요. 단어를 꾸준히 외운 아이들이 영어 자신감을 잃지 않고 영어를 더 재미있어 할 수 있습니다.

그리고 음악에서 본격적으로 수행평가를 보는 악기가 등장합니다. 물론, 1학년이나 2학년 때 오카리나, 칼림바 등을 배우긴 하지만 정식으로 교과서에 등장하는 악기인 리코더를 잘하면 음악에 더 흥미를 느낄 수 있습니다. 리코더는 연습한 만큼 성과가 나옵니다. 운지법부터 시작해 꾸준한 반복연습을 해 보세요.

4학년 때는 아이들이 어려워하는 분수를 본격적으로 배우게 됩니다. 생활과 관련이 없어 보이는 분수가 등장합니다. 눈에 보이는 수는 1, 2, 3과 같은 자연수인데 자연수를 쪼갠 분수는 다소 낯설기도 합니다. 낯선 만큼 많이 어려워하는 분수를 반복 학습을 통해 친숙한 내용으로 만들어 보세요.

5학년 때는 아이들의 글쓰기 격차가 확연히 도드라집니다. 교과서에 글 쓰는 칸도 더욱 커집니다. 2~3줄을 쓰고도 힘들어하는 아이가 있는 반면, 10줄이 넘는 칸이 부족해 더 쓰는 아이도 있습니다. 글을 잘 쓰는 것도 중요하지만 초등학교 시기에는 긴 글을 쓰는 데에 부담감을 느끼지 않는 것도 필요합니다. 꾸준한 글쓰기로 글쓰기 부담을 줄여 보세요.

6학년은 수업시간에 토의, 토론을 본격적으로 시작합니다. 자신의 생각과 다른 생각을 지닌 친구와 이야기해 보며 생각을 정리해 자신의 논리를 펴는 활동을 합니다. 또한 대체로 교실에서 말하기를 부담스러워합니다. 일반적으로 학급에서는 토의, 토론에 자신감을 가진 아이 3~4명이 대화를 이끌어 갑니다. 말하기에 자신감을 가진 아이들은 친구들의 격려와 지지를 얻습니다. 이처럼 다양한 활동을 통해 얻은 자신에 대한 긍정적인 사고는 자율성과 책임감에도 긍정적인 영향을 미칩니다.

(2) 높은 자율성과 책임감

자기문해학습 능력이 뛰어난 아이들은 높은 자율성과 책임감이 자연스럽게 생깁니다. 스스로 조절하고 계획하는 데 익숙해진 아이들은 학습뿐만 아니라 생활에도 좋은 영향을 미칩니다. 스스로 일어나고, 정해진 시간만 놀고 난 후에는 책을 읽고, 올바른 언어습관을 가집니다. 자기문해학습을 하는 과정에서 자신이 스스로 세운 계획을 잘 지키기도 하지만 그렇지 못한 경험도 합니다. 이 모든 과정이 자신의 선택으로 이루어진 만큼 그에 대한 책임도 자신이 진다는 것을 자연스레 느낍니다. 이 과정을 반복하며 계획 및 학습 과정을 수정하고 다시 동기부여를 합니다. 과정을 거듭하며 이유를 파악하고 학습 내용이나 속도를 조절하기도 합니다. 여기서 자신의 생각이 미치는 영향을 알게 되고, 자신이 한 일에 대한 책임감을 느끼게 됩니다.

많은 아이가 "부모님이 안 챙겨줬어요."라는 핑계를 대지만, 자기문해학습을 한 아이는 더는 이런 말을 하지 않습니다. 자율성이 높은 아이들은 학교 모둠 활동 시간에 빛을 발합니다. 주어진 과제를 분석하고 계획하는 데 탁월한 능력을 보입니다. 일반적으로 4명이 한 모둠이 되면 리더 1명, 착실한 2명, 다른 데 관심이 더 많은 1명 정도가 편성됩니다. 교실뿐만 아니라 어느 집단에 가도 이러한 비율은 비슷하게 유지됩니다. 자기문해학습 능력이 뛰어난 아이들은 자연스레 모둠에서 리더 역할을 맡게 되고 친구들에게 역할을 나누어 주고, 총괄하는 역할을 맡습니다. 그 과정에서 자연스럽게 친구들과 선생님의 눈에 '똑똑한 아이'로 인식되어 아이의 자존감이 높아집니다.

주변 환경의 영향을 크게 받는 초등학교 시기에는 '똑똑한 아이'라는 인식이 긍정적으로 작용할 때가 많습니다. 아이들은 수업시간에도 더 많이 알아야 하고, 친구들이 물어봐도 모든 답을 알고 있어야 한다는 생각을 하게 됩니다. 그래서 공부도 더 열심히 하고 선생님 말씀도 더 주의 깊게 듣습니다. 또한 숙제와 준비물을 전보다 더 꼼꼼히 챙기게 됩니다. 숙제를 매일 확인하고 집에서 꾸준히 공부하는 모습도 볼 수 있습니다. 책을 열심히 읽고 집에서 스스로 무언가 하려는 노력도 보이죠. 말하는 능력에도 영향을 미치게 됩니다. 주변에 열심히 정보를 전달하고 설명하기 위해서 자연스럽게 말을 많이 하기 때문이죠.

(3) 되돌아보는 능력

자기문해학습 능력이 자라난 아이들은 자신이 아는 것과 모르는 것을 구별할 수 있는 메타인지 능력이 함께 길러집니다. 배운 내용을 기억에 오래 남기기 위해서는 복습이 필요합니다. 수업이나 스스로 학습을 통해 배운 내용을 공책에 정리하고 에빙하우스 망각곡선에 따라 총 4번을 복습합니다.

자신이 아는 것과 모르는 것에 대해 구별하는 능력은 복습 시간을 줄이고 학습 효율성을 높입니다. 아는 내용을 계속 반복하는 것은 효율성 측면에서 좋지 않습니다. 복습시간이 길어지면 아이들이 복습하는 것을 지겨워합니다. 아는 내용을 계속 반복한다고 생각하기 때문입니다. 공책을 보며 아는 내용은 한 번 훑어보고, 모르는 내용은 책으로 돌아가 복습하면 좋습니다.

메타인지가 길러진 아이들은 복습에 긴 시간이 필요하지 않습니다. 모르는 부분만 표시해 공부하고 모르는 내용을 다시 공부하니 학습과 복습이 지겹지도 않습니다. 새로운 내용을 공부하는 셈이기 때문이죠. 또한 공책 정리의 필요성을 스스로 깨닫고 중요한 내용만 쏙쏙 정리할 수 있게 됩니다. 학교에서 배운 내용을 정리한 배움 공책, 틀린 문제를 정리한 오답 노트 등 종류별로 공책 정리를 깔끔하게 합니다.

올바른 되돌아보기 능력이 길러진 아이들은 복습에서뿐만 아니라 독서 습관과 학습 습관에서도 긍정적인 효과를 발휘합니다. 책을 읽으며 모르는 내용이 생기면 끊임없이 스스로 질문하고 앞으로 되돌아가서 읽습니다. 아이들은 모르는 내용을 스스로 알아낼 수 있다는 자신감이 생깁니다. 끊임없이 반복해서 읽고 '왜 그럴까?' 곰곰이 생각해 봅니다. 학습에서도 모르는 내용을 바로 질문하기보다는 배운 내용을 다시 훑어보며 스스로 해결하기 위해 노력합니다. 외부의 도움이 아닌 자신이 주도적으로 학습을 이끌어 가고, 스스로 정답을 찾아갈 수 있게 되는 것입니다.

자기문해학습을 위해 알아야 할 것들

(1) 부모는 학습의 동반자

최근에는 부모의 교육 정보와 열정, 그리고 말 잘 듣는 착한 아이, 이 두 가지가 명문대 진학을 만든다고들 말합니다. 부모가 아이에게 도움이 되는 정보, 공부법, 일일 스케줄을 꼼꼼히 도와주고, 묵묵히 따라와 주는 착한 자녀가 있다면 자연스럽게 아이의 성적은 오를 수밖에 없겠죠.

하지만 바쁜 부모는 열정이 있다 해도 교육 정보를 알아내기 힘들고, 부모가 시키는 대로 순종하는 착한 아이가 바람직한 것도 아닙니다. 명문대를 목표로 한다는 것부터 다시 생각해 봐야 할 문제입니다. 설사 좋은 대학을 보내는 것이 목표라고 해도 각자에게 맞는 방법은 따로 있습니다.

초등학교 시기는 공부 습관을 형성하는 중요한 시기입니다. 자기문해학습을 실천하기 위해서는 부모가 아이를 앞에서 끌고 가는 것이 아니라 뒤에서 지지와 응원을 보내는 존재라는 인식이 필요합니다.

아이가 집에서 1~2시간만 스스로 공부할 수 있다면 자기문해학습의 기초를 닦은 셈입니다. 공부하는 법을 스스로 깨달으면 공부가 재미있어집니다. 교과서의 내용도 나누어 생각하면 몇 가지 정보밖에 되지 않습니다. 아이가 혼자 하는 공부를 통해 공부 습관과 자신감을 만들어 가는 과정이 필요합니다. 그러다 특정 과목에서 어려움을 보이면 선택적으로 부모가 보충해 주거나 맞벌이로 시간이 나지 않는다면 주변의 도움을 받을 수도 있습니다.

우리 아이 교육에서 부모는 관람자나 방관자가 아닌 동반자가 되어야 합니다. 아이 교육은 학교와 더불어 집에서 병행합니다. 학교에서 6시간 동안 열심히 공부하지만 복습하지 않는다면 모두 기억에서 잊힙니다. 오늘 무엇을 배웠는지 관심 있게 물어보고, 아이가 공부하는 내용을 살펴보세요. 그렇다고 감시하고 검사하라는 말이 아닙니다. 부모가 모든 내용을 결정하고 정해 주기보다는 아이에게 선택권을 주는 것이 중요합니다. 아이에게 점차 결정권이 넘어가면 아이의 자기문해학습 능력도 함께 길러집니다. 현재 잘하고 있다면 충분히 칭찬해 주는 것도 잊지 마세요. 초등학교 때 학습 주도권을 지닌 아이들이 중, 고등학교에 가서도 더욱 빛을 발합니다.

(2) 아이는 부모를 보고 자란다

아이는 부모를 비추는 거울입니다. 아이 행동에 결정적인 영향을 미치는 요인은 부모입니다. 외부 요인은 생각보다 큰 영향을 미치지 못합니다. 자기문해학습을 시작하려면 우선 부모가 아이에게 모범이 되어 주세요. 부모의 작은 변화가 아이의 큰 변화를 이끌어 냅니다. 아이가 공부하는 동안이라도 TV를 꺼 주세요. 책 읽는 모습을 가끔 보여 주면 더욱 좋습니다. 책으로 아이와 대화해 보세요. 어떠한 문제가 생기면 스마트폰 검색보다는 아이와 직접 해결해 보세요. 전자기기를 직접 분해하거나 설명서를 꼼꼼히 다시 읽어 보는 것도 좋습니다. 계획표를 세워 하루 한 시간이라도 TV 보기 대신 취미활동을 해 보세요. 미술, 음악, 바느질 등 집에서 할 수 있는 것으로 찾아볼 수 있습니다. 부모가 취미활동을 할 때 아이는 옆에서 공부한다면 효과가 더욱 커집니다. 자연스럽게 대화도 늘어나고 함께하는 느낌을 받을 수 있습니다.

또한 우리 아이에게 집에서 여러 가지 결정권을 주세요. 집안의 중요한 결정이 아이의 의견을 들어보는 과정 없이 진행되면, 아이는 자신의 의견을 적극적으로 표현하는 능력이 점차 쇠퇴합니다. 이사 가기 전 아이와 의견 나누기, 책을 사러 가서 아이와 이야기 나누기 등 자신이 정한 일에 스스로 책임을 지는 연습을 시키세요. 생활 속 책임감을 통해 아이가 학습에도 책임감을 느낄 수 있습니다. 자신이 정한 과목 공부하기, 목표를 세워 학습하기, 교과서에서 중요한 내용 정리하기 등을 통해 학습 책임감도 덩달아 자라납니다.

(3) 아이 감정 다독여 주기

요즘 초등학생 아이들은 스트레스를 많이 받습니다. 스트레스를 받는 원인은 무수히 많습니다. 통계를 보면 소속감을 느끼고 싶은 친구들과의 관계, 스스로 할 수 있는데 계속 간섭하는 부모님, 마음에 들지 않는 외모 등이 주된 스트레스라고 말합니다. 하지만 독보적인 이유는 '공부'입니다. 고학년 아이들과 이야기해 보면 공부를 잘하는 아이든 그렇지 않은 아이든 공부 스트레스를 받습니다. 공부가 사라졌으면 좋겠다는 이야기도 종종 하죠. 공부 스트레스를 받는 아이들과 상담해 보면, 여러 이야기가 나옵니다.

"놀고 싶은데 공부를 계속해야 돼요."

"부모님은 TV 보고 노는데 나만 방에서 공부하면 화가 나요."

"숙제가 너무 많아요."

"공부해도 무슨 말인지 하나도 모르겠는데, 부모님은 열심히 공부를 하라고만 해서 스트레스 받아요."

"부모님이 집에서 매일 공부하라고 해서 힘들어요."

아이들 생각의 공통점은 '나'라는 존재에 대한 인식에서 시작됩니다. 아이들의 대화를 '나'를 중심으로 다시 써 보면 '나는 놀고 싶다', '나는 공부하는데 왜 부모님은 TV를 보는 걸까.', '나는 숙제하기 싫다.', '나는 공부하기 싫다.', '나는 간섭 받고 싶지 않다.'로 표현할 수 있습니다. 아이들은 내가 하고 싶은 것과 하기 싫은 것을 명확히 압니다. 일반적으로 공부는 하기 싫은 것에 속하죠. 하기 싫은 공부를 해야 하는 상황과 억지로 시키는 부모님 모두 스트레스입니다. 아이들이 공부하기 싫어하는 것은 당연합니다. 누워서 스마트폰이나 TV를 보고, 게임하는 게 당연히 더 재미있고 편합니다. 하지만 공부를 해야 하는 이유는 누구나 알고 있듯이 명확합니다. 아이의 공부 습관을 유지하기 위해 필수적인 '공부력(공부하는 마음)'을 어떻게 단단하게 키워줄 수 있을까요?

EBS의 한 프로그램에서 실제로 성적이 높은 아이들의 감정지수 EQ를 조사하였습니다. 감정지수와 성적은 관계가 있을까요? 그 결과 감정지수가 높은 아이가 학습에서도 높은 성적을 보였습니다. 특히 감정지수 중 회복 탄력성에 집중했습니다. 회복 탄력성이란 시련과 역경, 실패에 좌절하지 않고 발판으로 삼아 다시 도약하는 계기로 삼는 마음의 힘입니다. 미시적으로 보면 어려운 수학 문제, 이해 안 되는 영어 문장, 모르는 단어를 봤을 때 포기하지 않고 끝까지 탐구하는 능력입니다. 거시적으로 보면 시험성적이나 외부적 요인에 휘둘리지 않고 마음을 다잡고 학습을 꾸준히 이끌어 나가는 능력입니다. '공부는 엉덩이가 한다'의 바른 사례입니다. 불교의 경전인 『화엄경』에 나오는 '모든 일은 마음먹기에 달렸다는 말'이 공부에도 적용됩니다.

아이가 공부와 공부 외적인 내용으로 힘들어할 때는 그저 들어주세요. 옆에서 들어주는 것만으로 심리적 안정 효과가 있습니다. 때로는 맛있는 과일이나 간식을 먹으며 대화를 나누는 것도 좋습니다. 평소 대화를 많이 나누세요. 특히 고학년 아이들은 학업뿐만 아니라 친구 관계에서도 스트레스를 많이 받습니다. 친구 관계에 문제가 생기면 공부가 될까요? 머릿속에는 온통 다른 생각이니, 올바른 학습이 이루어질 리 없습니다. 평소 아이의 관심사, 행동, 말투를 잘 살펴보고 큰 변화가 보인다면 가까이 다가가 말동무가 되어 주세요. 올바른 감정지수EQ를 가진 아이가 학습에서도 큰 힘을 발휘합니다.

(4) 책 읽기는 놓지 말아요

맛있는 사과가 먹기 좋게 깎여 조각조각 접시에 담겨 있습니다. 매일, 일주일, 한 달, 1년 동안 사과를 먹습니다. 맛있는 사과를 포크로 찍어 먹으니 편리하고 몸도 편합니다. 반대로 눈앞에 사과가 있습니다. 씻거나 깎지 않은 그대로의 사과입니다. 사과를 먹기 위해 씻고 깎아야 합니다. 어떻게 씻으면 깨끗할지, 어떻게 깎아야 껍질만 벗겨낼 수 있을지, 어떤 크기로 잘라야 할지, 칼은 어떻게 잡으면 좋은지 고민이 됩니다. 수많은 생각 끝에 사과를 깎아서 먹습니다.

책 읽기도 위의 사과 이야기와 크게 다르지 않습니다. 누군가 먹기 좋게 정리해 준 지식을 차곡차곡 습득하는 것과 책을 통해 생각하고 느끼는 독서 중 어떤 방법이 우리 아이에게 더 도움이 될까요?

책을 많이 읽지 않은 아이들은 주어진 상황이나 문제를 놓고 다양하고 깊은 생각을 하는 데 어려움을 겪습니다. 살다 보면 우리는 여러 상황에 마주칩니다. 그때마다 상황을 해결하려는 아이와 주저앉는 아이, 회피하는 아이, 성급한 결론을 내리는 아이가 있습니다. 당연히 상황을 해결하려는 아이의 생각은 점점 깊어질 것입니다. 이처럼 아이의 문제해결력과 상황 대처 능력을 기르는 가장 좋은 방법이 '독서'입니다.

앞에서 말씀드린 것처럼 모든 공부의 기초는 문해력입니다. 문해력 기르기를 위해 독서는 필수입니다. 하지만 본격적으로 공부를 시작하게 되면 독서와는 점점 멀어집니다. 우선 절대적인 학습량 증가가 가장 큰 원인입니다. 저학년 때 자연수의 덧셈과 뺄셈, 그림일기를 그리고 쓰던 아이들에게 분수와 소수의 덧셈, 도형, 과학의 지식과 원리, 글쓰기 등 복잡하고 어려운 내용이 다가옵니다. 과목도 점차 늘어나고 학교 수업시간도 4교시에서 6교시로 늘어납니다. 어려운 학습 내용에 힘들어하는 아이를 위해 방과 후 학교 등 다양한 교육을 통해 보충학습을 합니다. 학교 공부만 해도 아이는 하루에 최소 6시간 이상 공부를 합니다. 집에서 하는 공부, 학습지, 학원, 과외 등을 포함하면 훨씬 늘어나죠.

집중력은 꾸준한 반복을 통해 길러집니다. 초등학교 시기에 아이의 공부시간을 30분 줄이고 하루 최소 30분이라도 책 읽기를 꾸준히 해 보세요. 아이가 30분 책 읽기가 익숙해진다면 중, 고등학교 시기에 엄청난 양의 글이 있는 교과서를 대할 때 부담감이 훨씬 적어지고 이해도 빠르게 합니다.

혼자 책 읽는 시간이 없는 아이는 책상에서 집중력이 다소 떨어질지 모릅니다. 스스로 책 읽는 습관이 밴 아이는 스스로 공부할 수 있습니다. 새로운 내용을 알아가는 재미와 글을 이해하는 재미를 깨달았기 때문이죠. 올바른 공부의 시작과 끝은 문해력입니다. 문해력은 독서를 통해서 자연스럽게 기를 수 있습니다. 아이가 자라며 점차 멀어지는 독서를 최소 6학년 때까지는 아이 곁에 꼭 남겨 두세요.

(5) 아이에게 자율성 주기

부모는 아이가 자율성을 가지고 스스로 학습하기를 바랍니다. 부모의 통제와 회유에 의해 간신히 하는 공부가 아니라, 자발적으로 하기를 원하죠. 하지만 스스로 공부하는 아이는 주변에서 찾기 힘듭니다. 초등학생 아이가 스스로 교과서를 보며 문제집을 풀고, 공책정리를 할 수 있을까요? 지식의 원리를 찾는 기쁨을 깨닫고 더 높은 학년의 공부를 하기 원할까요? 특출한 아이가 아니라면 불가능합니다. 그렇다면 평범한 우리 아이들은 어떻게 자율성을 길러 줄 수 있을까요?

학습 면에서 초등학생에게 무조건적인 자유를 주는 것은 일종의 방임이 될 수 있습니다. "너 스스로 해 봐."는 중학생, 고등학생에게도 힘든 요구입니다. 초등학생에게 공부하는 법, 계획하는 법, 공책정리, 생각하는 법, 글을 읽는 법 모두 낯설기만 합니다. 이때 스스로 하라고 하는 말은 이제 겨우 걸음마를 떼고 아장아장 걷는 아이에게 "자, 이제 뛸 수 있지?"라고 말하는 것과 같죠. 이제 학습을 시작하고, 책을 읽고 이해하는 문해력을 기르고, 수학적 원리를 알아가는 아이들에게는 '무조건적 자유'가 아닌 '조건적 자유'가 필요합니다. '조건적 자유'란 아이가 할 수 있는 최소한의 활동 또는 과제를 제공함과 동시에 책임감을 느끼게 하는 것을 뜻합니다.

아이 학습의 자율성과 책임감을 키우는 첫걸음은 계획을 실천하는 것입니다. 아이가 스스로 짠 계획대로 행동하고 확인해 보는 연습이죠. 혹은 수학 단원명을 쭉 나열한 뒤 자신 있는 단원과 자신 없는 단원을 표시해 보고 스스로 보충학습을 해 보는 것도 좋습니다. 다른 교과목들도 마찬가지죠. 문제집도 꼭 앞에서 풀기보다는 중간부터 풀어도 좋습니다. 동화책도 결말부터 읽고 나서 앞부분을 다시 읽어도 재미있겠죠? 일정한 계획 내에서 아이가 다양한 학습법을 스스로 적용해 보고 자신의 학습을 되돌아보는 기회가 필요한 이유입니다.

(6) 단호한 부모, 아껴주는 부모

헌신적인 부모, 따뜻한 부모, 엄격한 부모, 무서운 부모, 잘 들어주는 부모 등 다양한 부모의 모습이 있습니다. 때로는 감정에 치우치고 원칙이 무너지기도 하지만 우리는 모두 훌륭한 부모라는 점을 먼저 말하고 싶습니다.

아이 양육에 가장 효과적인 부모는 어떤 모습일까요? 부모의 양육 태도를 공감형, 통제형, 허용형, 방임형 등 4가지로 나눌 수 있습니다.

공감형	통제형	허용형	방임형
- 아이의 감정과 말에 공감 - 아이와 함께 해결책을 찾아봄 - 자녀에게 허용적이며 적절한 자율성을 인정해 줌	- 부모가 미리 정해 놓은 기준에 따라 아이를 통제 - 아이의 감정이나 행동보다는 정해진 대로 해야 함 - 자녀는 부모의 결정에 복종	- 원칙 없이 아이가 하고 싶은 건 다 하게 해 주는 부모 - 아이가 원하는 건 다 받아주는 조부모 같은 양육 태도	- 아이와 함께하는 시간이 거의 없음 - 스킨십도 적음 - 아이와 가끔 거리감이 느껴지고 어색할 때도 있음 - 아이 스스로 알아서 하겠지라는 생각

공감형 부모 아래서 자란 아이들은 자존감이 높습니다. 스스로 과제를 조절하고 학업 성취도가 높으며 부모에게도 협조적입니다. 타인의 이야기를 주의 깊게 듣는 성숙한 모습을 보이기도 하죠. 통제형 부모 아래서 자란 아이들은 행복 대신 불안감이 자라납니다. 더불어 자존감이 낮고 정체성에 혼란을 느끼기도 합니다.

낮은 자존감은 아이의 학습 부진과 친구·이성 관계에 집착하는 경향을 불러일으키기도 합니다. 허용적 부모 아래서 자란 아이들은 충동적이고 반항적입니다. 의존적인 성향을 보이며 참을성이 부족해 주변 친구를 때리거나 본인 화를 참지 못하는 경우가 종종 있습니다. 방임적 부모 아래서 자란 아이들은 우울감과 분노가 도드라지는 특징을 보입니다. 부모님을 욕하는 경우도 꽤나 많습니다.

위의 4가지 분류의 시사점은 부모가 애정을 가지고 아이의 말과 행동에 공감하고 반응하면 아이들의 정서, 사회, 지적 발달이 긍정적으로 이루어진다는 점입니다.

나는 어떤 부모인가요? 물론 한 가지로 명확히 분류되지는 않습니다. 하지만 위 분류에 따르면, 공감형 부모가 아이 양육에 가장 긍정적인 태도라는 점은 명확히 알 수 있습니다. 공감형 부모는 단호하지만 아껴주는 부모입니다. 가장 중요한 '사랑'의 감정을 바탕으로 명확한 규칙을 가르쳐 주는 부모죠. 공감형 부모는 아이의 감정에 공감해 주고 아이가 말하는 내용을 들어줍니다. 기본예절에 대해서는 명확히 교육합니다. 아이와 대화를 통해 해결책을 함께 찾아 나가죠. 아이의 감정은 모두 받아주지만 명확한 교육관을 가진 부모, 단호하지만 아껴 주는 부모가 되기 위해 지금부터라도 노력하면 됩니다.

(7) 공부의 기본은 교과서 읽기

"교과서로 공부해서 S대학교에 입학했어요." 매년 수능이 끝난 뒤 뉴스에 나오는 학생들의 인터뷰입니다. "교과서만 공부해서 어떻게 공부를 잘해?" 항상 의문입니다. 요즘 아이들은 웅변, 독서논술, 공부방, 사고력, 영재, 창의력, 보습, 단과, 대형학원 분점, 학습지, 과외, 유명 강사 족집게 특강 등 다녀야 할 곳이 너무 많습니다. 이곳뿐만 아니라 더 많이 교육해도 좋은 대학을 갈 수 있을지 모르는데 어떻게 교과서만 공부해서 좋은 대학교에 갈 수 있을까요?

교과서의 중요성을 달리기로 표현하자면 마라톤과 런닝머신에 비유할 수 있습니다. 교과서를 스스로 읽고 이해할 수 있는 아이는 수능 또는 학문적 목표를 향해 꾸준히 앞으로 나갑니다. 42.195km를 한 걸음씩 꾸준히 나아갑니다. 주변의 풍경도 바라보고 힘들긴 해도 다시 운동화 끈을 동여매고 뛰어갑니다.

반면에 교과서를 읽고 이해하지 못하는 아이는 런닝머신 위를 열심히 뛰고 있습니다. 멀리 보이는 목표를 향해 열심히 뛰지만 결국 제자리입니다. 가끔 힘들어 기계 속도를 늦추기도 하죠. 주변에 하루 종일 공부를 열심히 하는데 성적은 그대로이거나 떨어지는 아이들이 보입니다. 물어보면 하루 종일 정말 바쁩니다. 책도 읽고, 문제집도 여러 권 풀고, 교과별로 공부 계획도 꼼꼼히 짭니다. 그런데 성적은 계속 떨어집니다. 런닝머신에서는 순간 방심하면 기계에서 떨어질 수도 있죠. 생각보다 주변에서 흔히 볼 수 있는 사례입니다.

컴퓨터의 본체로 비유할 수도 있습니다. 아이에게 아무리 멋진 최상의 교육 환경을 만들어도, 아이의 '뇌'가 효율적으로 받아들일 준비가 되어 있지 않다면 에러와 버퍼링 현상은 필연적입니다. 가끔 의도치 않게 포맷될 수도 있죠.

결국 공부하는 건 아이입니다. 공부를 잘하려면 문해력은 필수이며, 문해력을 기르는 가장 좋은 방법은 교과서 반복 읽기입니다. 저학년 때부터 교과서를 시간 날 때마다 쭉 읽게 하세요. 저학년 아이들은 교과서를 읽을 때 질문을 많이 합니다. 바로, 스스로 이해하는 과정입니다. 일일이 정답을 알려 주기보다는 적절한 피드백과 호기심을 자극하는 정도로 반응해 주세요. 고학년 학생들은 교과서를 읽으며 질문은 잘 하지 않습니다. 교과서를 읽고 정리하거나 중요한 부분을 밑줄 치는 정도로 반복 연습하게 합니다. 집도 기초가 튼튼해야 무너지지 않고 오래 버팁니다. 앞으로 아이가 꾸준히 공부해 나갈 수 있도록 교과서 읽기로 토대를 닦아 보세요.

(8) 비교하지 말고 내 아이에게 집중하기

오늘은 반 모임이 있는 날입니다. 그동안 입지 않던 옷과 액세서리를 하고 가벼운 마음으로 모임에 나갑니다. 하지만 돌아 올 때는 마음이 무겁습니다. 반 모임에서는 주로 아이와 관련된 이야기를 많이 나눕니다. 집에서 놀기만 하고 공부는 안 한다는 이야기, '게임을 너무 좋아한다'와 같은 이야기를 편하게 터놓고 합니다. 그리고 공부 잘하는 아이를 둔 부모 이야기, 다른 집 아이의 장점, 뛰어난 점 등 유쾌하지 않은 정보도 많이 듣게 됩니다.

집에 오면 거실에서 TV를 보는 아이가 보입니다. 괜히 괘씸해집니다. 들어가서 공부하라고 짜증 섞인 말로 대하기도 하죠. 비교는 불행의 씨앗이라고 하듯 괜히 다른 아이와 비교하여 아이를 평가하지 마세요. 내 아이에게 집중해 주세요. 아이에 대해 지나치게 기준을 높게 잡으면 아이의 자존감이 떨어질 수 있습니다. 그리고 한 번 떨어진 자존감은 쉽게 회복되지 않습니다. 어려서부터 부모에게 존중받지 못한 아이들은 성격이나 행동에서 부적응을 보이기도 합니다. 학습 스트레스를 많이 받는 아이들도 폭력성을 보이거나 학습을 포기하기도 합니다. 우리 아이에게 바라는 점도 많고 좀 더 하면 될 것 같은 느낌도 있지만 과도한 부담감은 자제해야 합니다. 아이들도 부모에게 바라는 점이 많지만, 마음속에 담아 둘 때가 많습니다.

다른 아이보다는 우리 아이에 집중해 하나씩 함께 해결해 나가세요. 주변 아이가 어느 정도 하는지, 얼마나 뛰어난지는 신경 쓰지 마세요. 우리 아이가 현재 학교에서 배우는 내용을 잘 따라가는지 살펴보고 잘할 때는 칭찬을, 못할 때는 격려를 해 주세요. 아이를 존중하는 태도가 우리 아이의 자신감을 높입니다.

(9) 규칙적인 생활습관이 공부력으로 이어진다

올바른 생활습관은 학습에 어떤 영향을 미칠까요? 아침에 가족이 함께 식사하고 하루를 시작해 보세요. 밤늦게까지 스마트폰 보기, 게임하기 등을 예방할 수 있습니다. 아이와 부모가 모두 자러 방에 들어갈 때가 본격적으로 아이들의 즐거움이 시작될 때라고 합니다. 방에서 본격적으로 취미생활이 시작되죠. 주말 아침에 함께 밥을 먹고 과제를 해야 한다면 아이가 늦은 시간까지 스마트폰을 사용하는 일이 줄어들 수 있습니다. 또한 하루의 계획을 세우는 데 도움이 됩니다. 아침에 정해진 학습시간이 있다면 밤에 부랴부랴 생각나서 숙제하는 빈도가 감소합니다. 학습시간에 할 내용을 떠올리다 보면 숙제들이 떠오릅니다. 숙제가 따로 없다면 독서를 하면 좋습니다. 남은 오후에는 가족이 함께 별도의 활동을 하거나 휴식 시간을 가져 보세요.

생활습관과 더불어 식습관도 아이에게 많은 영향을 미칩니다. 성장기에 풍부한 영양이 공급되어야 건강을 유지할 수 있습니다. 골고루 먹는 습관을 갖게 해 주세요. 지금보다 더 많이 공부해야 할 시기에 아이의 건강이 나빠진다면 학습에 온전히 집중하기 어렵습니다. 특히 간식을 많이 먹는 아이들은 밥을 제대로 먹지 않는 경우가 많습니다. 간식은 줄이고 음식에 채소를 많이 넣어 주세요. 또한 아이와 함께 먹는 식사시간에 음식이 짜다, 맛없다 등 음식에 대한 부정적인 평가와 편식하는 모습은 지양해 주세요. 가족이 음식을 함께 만들어 먹는 것도 좋은 방법입니다.

에필로그

조금씩 천천히 문해력을 높이는
습관 들이기

아이가 태어나면 건강하게 무럭무럭 잘 자라기만을 바라다가 시간이 흐르면서 부모 마음에 조금씩 욕심이 생겨납니다. 공부에도 흥미를 보였으면 좋겠고, 음악, 미술, 체육 중 한 가지에 소질이 있어도 좋겠다는 생각도 듭니다. 한편으로는 옆집 아이와 비교하며 무엇이 좀 더 빠르면 좋겠다는 마음이 들기도 하고, 느리면 걱정이 앞서기도 합니다. 교육할 때 조심해야 할 것이 다른 아이와 비교하는 것입니다. 비교는 아이의 의욕을 떨어뜨립니다. 친구들보다 수학은 조금 못해도 글은 더 잘 읽을 수 있습니다. 말하기를 조금 못해도 글쓰기는 잘할 수 있습니다. 부모의 역할은 잘하는 것을 더 잘하게 만들어 다소 부족한 부분이 보완될 수 있도록 하는 것이 아닐까요.

 아이들 마음이 안정되고 편안할 때 공부도 잘할 수 있습니다. 강한 마음과 정신력을 가진 아이가 10년이 넘는 공부 마라톤을 완주할 수 있습니다. 10년, 20년이 넘을 수도 있는 긴 마라톤이죠. 이 책을 읽자마자 바로 문해력 공부를 시작하진 마세요. 읽고 나서 일주일 정도는 여유를 가져 보세요. 책의 내용과 부모의 교육관으로 우리 아이에 대해 부모가 함께 생각해 볼 시간을 가져 보세요. 기존 부모의 교육관이 더욱 확고해지거나 책의 내용을 통해 변화가 생길 수도 있습니다. '우리 아이 공부시키기'보다는 '우리 아이' 자체에 집중해 어떤 방법이 가장 좋을지 먼저 깊은 고민이 필요합니다.
 아이의 자존감과 아이에 대한 사랑을 바탕으로 '문해력' 정복을 위한 여행을 떠나 보세요. 우리 아이에게 도움을 줄 수 있는 실천과제를 하나씩 실천해 보는 것입니다. 처음에 무리하게 시도하기보다는 하나씩 조금씩 늘려가 익숙해지는 것이 무엇보다 중요합니다. 공부량을 점차 늘려가는 것처럼, 독서량을 점점 늘려가는 것처럼, 문해력을 키우는 것에도 천천히 다가가 보세요.

 우리는 정보의 홍수에 떠밀려 혼란 속에 살아가고 있습니다. 간혹 무수히 많은 교육 정보 때문에 부모의 확고한 교육 철학이 흔들리는 경우가 많습니다. 제 책에 담아낸 내용 외에도 문해력을 기르기 위한 다양한 방법들이 있습니다. 어느 것이 좋고, 어느 것이 나쁘다고 말할 수 없습니다. 문해력에 대한 제 생각과 실천과제를 풀어낸 책을 통해 우리 아이에게 적합한 방법을 찾아볼 기회를 드리는 데 초점을 맞추었습니다.

아이의 노력과 부모의 관심이 문해력이 뛰어난 아이를 만들어 냅니다. 문해력이 뛰어난 아이는 자기문해학습 능력이 자라나 스스로 무엇이든 해낼 수 있게 되죠. 지시하고 확인하기보다는 곁에서 함께하고 한 걸음씩 함께 나아가는 부모가 되시기를 응원합니다. 부모의 따뜻한 관심과 아이의 노력이 만들어 낸 결과가 얼마나 멋질지 벌써 기대가 됩니다.

부록

초등 국어 교과서에 실린
도서 리스트

국어 교과서에 수록된 도서를 소개합니다. 내용을 배우기 전에 책을 미리 읽어 보면 수업시간에 집중할 수 있고 문해력 향상에도 도움이 됩니다. 현재 대부분 학교에서는 이와 관련해 온작품 읽기를 하고 있습니다. 교과서에 나온 작품의 편집된 일부를 읽는 것이 아니라 문학작품 전체를 읽어 보면 더욱 효과가 크기 때문입니다. 교과서에 수록된 작품의 일부분은 아이의 문해력을 기르는 데 제한이 있습니다. 온전한 책 한 권을 읽어 봄으로써 문학적 감수성, 상상력, 문해력, 이해력, 의사소통 능력 등 다양한 고등사고력을 기를 수 있습니다. 작품을 통해 상상력과 실제 표현력, 의사소통 능력을 기를 수 있습니다. 책을 한 번 읽고 끝내는 것이 아니라 읽고, 또 읽고, 다시 한번 읽으며 여러 가지 활동을 해 보세요. 반복 읽기에 익숙해지면 문해력도 쑥쑥 자라납니다.

1학년		
책 제목	저자	출판사
구름 놀이	한태희	미래엔아이세움
글자 동물원	이안	문학동네
꿀 독에 빠진 여우	안선모	보물창고
동물친구 ㄱㄴㄷ	김경미	웅진주니어
라면 맛있게 먹는 법	권오삼	문학동네
말놀이 동요집	최승호	비룡소
손으로 몸으로 ㄱㄴㄷ	전금하	문학동네
아가 입은 앵두	서정숙	보물창고
표정으로 배우는 ㄱㄴㄷ	솔트앤페퍼	소금과 후추
책이 꼼지락꼼지락	이경국	미래엠앤비
까르르 깔깔	이상교	미세기
도토리 삼 형제의 안녕하세요	이송현주	길벗어린이
몰라쟁이 엄마	이태준	우리교육
발가락	이보나 흐미엘 레프스카	도서출판 논장
난 책이 좋아요	앤서니 브라운	웅진미디어
자전거 타고 로켓 타고	카트린 르블랑	키즈엠
붉은 여우 아저씨	송정화	시공주니어
숲속의 모자	유우정	미래엔아이세움
초코파이 자전거	신현림	비룡소
가을 운동회	임광희	사계절 출판사

딴생각하지 말고 귀 기울여 들어요	서보현	상상스쿨
콩 한 알과 송아지	한해숙	애플트리태일즈
아빠가 아플 때	한라경	리틀씨앤톡
1학년 동시 교실	김종상	주니어 김영사
소금을 만드는 맷돌	홍윤희	예림아이
엄마 까투리	권정생	낮은산
솔이의 추석 이야기	이억배	길벗어린이
나는 자라요	김희경	창비
내가 좋아하는 곡식	이성실	호박꽃
별을 삼킨 괴물	민트래빗 플래닝	민트래빗
숲속 재봉사	최향랑	창비
엄마 내가 할래요!	장선희	장영

2학년		
책 제목	저자	출판사
42가지 마음의 색깔	크리스티나 누네스	레드스톤
욕심쟁이 딸기 아저씨	김유경	노란돼지
기분을 말해봐요	디디에 레비	다림
우리 전래 동요	신현득	현암사
내가 도와줄게	테드 오닐, 제니 오닐	비룡소
내가 조금 불편하면 세상은 초록이 돼요	김소희	토토북
신기한 독	홍영우	보리
선생님, 바보 의사 선생님	이상희	웅진주니어

아빠 얼굴이 더 빨갛다	김시민	리젬
까만 아기 양	엘리자베스 쇼	푸른그림책
내 꿈은 방울토마토 엄마	허윤	키위북스
아니, 방귀 뽕나무	김은영	사계절
아주 무서운 날	탕무니우	찰리북
오늘 내 기분은	매리언코카-래플러	키즈엠
우리 동네 이야기	정두리	푸른책들
으악, 도깨비다	손정원	느림보
작은 집 이야기	버지니아 리 버튼	시공주니어
짝 바꾸는 날	이일숙	도토리숲
수박씨	최명란	창비
참 좋은 짝	손동연	푸른책들
원숭이 오누이	채인선	한림출판사
신발 속에 사는 악어	위기철	사계절
신발 신은 강아지	고상미	위즈덤하우스
크록텔레 가족	파트리샤 베르비	교학사
거인의 정원	한상남	웅진씽크하우스
훨훨 간다	권정생	국민서관
밥상에 우리말이 가득하네	이미애	웅진주니어
우리 친구하자	앤서니 브라운	현북스
어슬렁어슬렁 동네 관찰기	이해정	웅진주니어
개구리와 두꺼비는 친구	아널드 로벨	비룡소
산새알 물새알	박목월	푸른책들
호주머니 속 알사탕	이송현	문학과 지성사

저 풀도 춥겠다	부산 알로이시오초등학교 어린이	도서출판 보리
엄마를 잠깐 잃어버렸어요	크리스 호튼	보림출판사
콩이네 옆집이 수상하다!	천효정	문학동네
불가사리를 기억해	유영소	사계절
종이 봉지 공주	로버트 문치	비룡소
소가 된 게으름뱅이	한은선	지경사
나무들이 재잘거리는 숲 이야기	김남길	풀과바람

3학년		
책 제목	저자	출판사
감자꽃	권태응	창비
짝 바꾸는 날	이일숙	도토리숲
타임 캡슐 속의 필통	남호섭	창비
한눈에 반한 우리 미술관	장세현	사계절
만복이네 떡집	김리리	비룡소
아! 깜짝 놀라는 소리	신형건	푸른책들
참 좋은 동시 60	정두리	문공사
하루와 미요	임정자	문학동네
개구쟁이 수달은 무얼 하며 놀까요?	왕입분	재능교육
곱구나! 우리 장신구	박세경	한솔수북
명절 속에 숨은 우리 과학	오주영	시공주니어
바삭바삭 갈매기	전민걸	한림출판사

246

비밀의 문	에런 베커	웅진주니어
삐뽀삐뽀 눈물이 달려온다	김륭	문학동네
아드님, 진지 드세요	강민경	좋은책어린이
아씨방 일곱 동무	이영경	비룡소
알고 보면 더 재미있는 곤충 이야기	김태우, 함윤미	뜨인돌어린이
무슨 말이야?	허정숙	보리
쥐눈이콩은 기죽지 않아	이준관	문학동네
귀신보다 더 무서워	허은순	보리
축구부에 들고 싶다	성명진	창비
프린들 주세요	앤드루 클레먼츠	사계절
플랑크톤의 비밀	김종문	예림당
행복한 비밀 하나	박성배	푸른책들
설빔, 남자아이 멋진 옷	배현주	사계절
어쩌면 저기 저 나무에만 둥지를 틀었을까	이정환	푸른책들
까불고 싶은 날	정유경	창비
진짜 투명인간	레미 쿠르종	씨드북
꼴찌라도 괜찮아!	유계영	휴이넘
아인슈타인 아저씨네 탐정 사무소	김대조	주니어김영사
신발 신은 강아지	고상미	스콜라
내 입은 불량 입	경북 봉화 분교 어린이들	크레용하우스
귀신 선생님과 진짜 아이들	남동윤	사계절
꽃과 새 선비의 마음	고연희	보림

눈	박웅현	비룡소
가자, 달팽이 과학관	윤구병	보리
들썩들썩 우리 놀이 한마당	서해경	현암사
이야기 할아버지의 이상한 밤	임혜령	한림출판사
숨 쉬는 도시 꾸리찌바	안순혜	파란자전거
거인 부벨라와 지렁이 친구	조 프리드먼	주니어RHK
별난 양반 이선달 표류기 1	김기정	웅진주니어
무툴라는 못 말려	베벌리 나이두	국민서관
지렁이 일기예보	유강희	비룡소
팔씨름	이인호	샘터

4학년		
책 제목	저자	출판사
가끔씩 비 오는 날	이가을	창비
글자 없는 그림책 2	이은홍	사계절
경제의 핏줄, 화폐	김성호	미래아이
경주 최 부잣집 이야기	심현정	느낌이있는책
구름 공항	데이비드 위즈너	시공주니어
그림자 놀이	이수지	비룡소
나무 그늘을 산 총각	권규헌	봄볕
맛있는 과학 6: 소리와 파동	문희숙	주니어김영사

두근두근 탐험대 1: 모험의 시작	김홍모	보리
100살 동시 내 친구	한국동시문학회	청개구리
꿈틀꿈틀 자연관찰 06 맴맴 노래하는 매미(곤충류)	장이권	한국톨스토이
무지개 도시를 만드는 초록 슈퍼맨	김영숙	위즈덤하우스
사과의 길	김철순	문학동네
세종대왕, 세계 최고의 문자를 발명하다	이은서	보물창고
신사임당 갤러리	이광표	그린북
아름다운 꼴찌	이철환	알에이치코리아
알고 보니 내 생활이 다 과학	김해보 외	예림당
내 맘처럼	최종득	열린어린이
신기한 그림족자	이영경	비룡소
가을이네 장 담그기	이규희	책읽는 곰
꽃신	윤아해	사파리
공원을 헤엄치는 붉은 물고기	곤살로 모우레	북극곰
초록 고양이	위기철	사계절
나 좀 내버려 둬	박현진	길벗어린이
콩 한 쪽도 나누어요	고수산나	열다
놀면서 배우는 세계 축제 1	유경숙	도서출판 봄볕
지붕이 들려주는 건축이야기	남궁담	현암주니어

고래를 그리는 아이	윤수천	시공주니어
나비를 잡는 아버지	현덕	효리원
멸치 대왕의 꿈	이월	키즈엠
아는 길도 물어가는 안전 백과	이성률	풀과 바람
세계 속의 한글	홍종선	박이정출판사
오세암	정채봉	창비
초코파이	김자연	잇츠북어린이
매일매일 힘을 주는 말	박은정	개암나무
세상에서 가장 유명한 위인들의 편지	오주영	채우리
아들아 너는 미래를 이렇게 준비하렴	필립 체스터필드	글고은
사라, 버스를 타다	윌리엄 일러	사계절출판사
콩닥콩닥 짝 바꾸는 날	강정연	시공주니어
젓가락 달인	유타루	바람의아이들
송아지가 뚫어 준 울타리 구멍	손춘익	웅진주니어
100년 후에도 읽고 싶은 한국 명작 동화 II	한국명작동시선정위원회	예림당
한국대표 창작동화 3	이원수 외	계림닷컴
함께 사는 다문화 왜 중요할까요?	홍명진	나무생각
정약용	김은미	비룡소
사흘만 볼 수 있다면 그리고 헬렌켈러 이야기	헬렌 켈러	두레아이들

우리 조상들은 얼마나 책을 좋아했을까?	마술연필	보물창고
초희의 글방 동무	장성자	개암나무
어머니의 이슬털이	이순원	북극곰
투발루에게 수영을 가르칠 걸 그랬어!	유다정	미래아이
멋진 사냥꾼 잠자리	안은영	길벗어린이
자유가 뭐예요?	오스카 브리니피에	상수리
우리 속에 울이 있다	박방희	푸른책들
쉬는 시간에 똥 싸기 싫어	김개미	토토북
지각중계석	김현욱	문학동네
멸치 대왕의 꿈	이월	키즈엠
고학년을 위한 동요 동시집	한국아동문학학회	상서각
기찬 딸	김진완	시공주니어

5학년		
책 제목	저자	출판사
가랑비 가랑가랑 가랑파 가랑가랑	정완영	사계절
공룡 대백과	이용규	웅진주니어
난 빨강	박성우	창비
마음의 온도는 몇 도일까요?	정여민	주니어김영사
바람 소리 물소리 자연을 닮은 우리 악기	청동말굽	문학동네
별을 사랑하는 아이들아	윤동주	푸른책들

브리태니커 만화백과: 여러 가지 식물	봄봄스토리	미래엔아이세움
색깔 속에 숨은 세상 이야기	박영란	미래엔아이세움
수일이와 수일이	김우경	우리교육
어린이를 위한 시크릿	김현태.윤태익	살림어린이
여행자를 위한 나의 문화유산답사기	유홍준	창비
잘못 뽑은 반장	이은재	주니어김영사
쥐 둔갑 타령	이광익	시공주니어
지켜라! 멸종 위기의 동식물	백은영	뭉치
참 좋은 풍경	박방희	청개구리
할아버지를 기쁘게 하는 12가지 방법	김인자	파랑새어린이
니 꿈은 뭐이가?	박은정	웅진주니어
곰돌이 워셔블의 여행	미하엘 엔데	보물창고
악플 전쟁	이규희	별숲
뻥튀기는 속상해	한상순	푸른책들
주강현의 우리 문화	주강현	미래엔 아이세움
고양이가 내 배 속에서	권오삼	사계절
어린이 문화재 박물관 2	문화재청	사계절
바다가 튕겨낸 해님	박희순	청개구리
꽃들에게 희망을	트리나 폴러스	시공주니어
전통 속에 살아 숨 쉬는 첨단 과학 이야기	윤용현	교학사
빨강 연필	신수현	비룡소

송아지가 뚫어준 울타리 구멍	손춘익	웅진주니어
파브르 식물 이야기	장 앙리 파브르	사계절
존경합니다. 선생님	패트리샤 폴라코	미래엔 아이세움
말랑말랑 훈민정음 동화 16: 세상을 보여줄게	김대희	한국헤밍웨이

6학년		
책 제목	저자	출판사
등대섬 아이들	주평	신아출판사
말대꾸하면 안 돼요?	배봉기	창비
샘마을 몽당깨비	황선미	창비
속담 하나 이야기 하나	임덕연	산하
아버지의 편지	정약용	함께읽는책
얘, 내 옆에 앉아!	연필시 동인	푸른책들
우주호텔	유순희	해와나무
조선 왕실의 보물, 의궤	유지현	토토북
황금사과	송희진	뜨인돌어린이
아낌없이 주는 나무	쉘 실버스타인	시공주니어
이모의 꿈꾸는 집	정옥	문학과지성사
독도를 지키는 사람들	김병렬	사계절
구멍 난 벼루	배유안	토토북
식구가 늘었어요	조영미	청개구리
배낭을 멘 노인	박현경, 김운기	대교북스주니어
청소년을 위한 이기는 습관	전옥표	쌤앤파커스

노래의 자연	정현종	시인생각
생각 깨우기	이어령	푸른숲주니어
지구촌 아름다운 거래 탐구생활	한수정	파란자전거
사회 선생님이 들려주는 공정무역 이야기	전국사회교사모임	살림출판사
장복이, 창대와 함께하는 열하일기	강민경	현암주니어
아트와 맥스	데이비드 위즈너	시공주니어
시가 말을 걸어요	정끝별	토토북
열두 사람의 아주 특별한 동화	송재찬	파랑새어린이
쉽게 읽는 백범일지	김구	돌베개
주시경	이은정	비룡소
난중일기	이순신	서해문집
나는 비단길로 간다	이현	푸른숲주니어
의병장 윤희순	정종숙	한솔수북

단순히 글을 읽고 상상하여 표현하는 것에 그치는 것이 아니라,
확실한 목적을 가지고 글을 읽을 때 우리는 문해력을 언급합니다.
글을 읽으면서 글쓴이의 목적, 생각, 중심 생각, 내용을 파악하며
궁극적으로 '나'와 연결하는 과정입니다.

자기문해학습을 실천하기 위해서는
부모가 아이를 앞에서 끌고 가는 것이 아니라
뒤에서 지지와 응원을 보내는 존재라는 인식이 필요합니다.